성공적인 회사 생활을 위한

실전 비즈니스 영어

SOKKOU KAISHA NO EIGO HAND BOOK
ⓒMAKI MISONO 2016
Originally published in Japan in 2016 by BERET PUBLISHING Co., Ltd., TOKYO.
The Korean Language translation ⓒ2017 by NEXUS Co., Ltd.
The Korean translation rights arranged with BERET PUBLISHING Co., Ltd., TOKYO,
through TOHAN CORPORATION, TOKYO and SHINWON AGENCY CO., SEOUL, KOREA

**성공적인 회사 생활을 위한
실전 비즈니스 영어**

지은이 미소노 마키
펴낸이 임상진
펴낸곳 (주)넥서스

초판 1쇄 발행 2017년 7월 5일
초판 5쇄 발행 2021년 2월 1일

2판 1쇄 발행 2022년 3월 15일
2판 2쇄 발행 2022년 3월 18일

출판신고 1992년 4월 3일 제311-2002-2호
10880 경기도 파주시 지목로 5
Tel (02)330-5500 Fax (02)330-5555

ISBN 979-11-6683-209-3 13740

www.nexusbook.com

성공적인 회사 생활을 위한 실전

비즈니스 영어

Essentials of
Business English

미소노 마키 지음
황미진 옮김

넥서스

머리말

국내 기업에 근무하는 분이라도 업무에서 영어를 사용할 기회가 늘어났을 것입니다. 업무에서 영어가 필요한 분 중에는, 회사를 방문한 고객에게 영어로 인사를 하거나 전화를 연결하는 정도인 분들도 계시고, 일상적으로 영어로 메일을 주고받거나 미팅 및 프레젠테이션을 해야 하는 분들도 계실 것입니다. 이렇듯 영어를 사용하는 빈도나 수준은 다양합니다.

예전에는 영어를 잘하는 사람만이 업무상 영어를 사용했었다면, 최근에는 영어를 잘하든 못하든 직위에 상관없이 직원들도 영어로 커뮤니케이션을 하지 않으면 안 되는 시대가 되었습니다.

이 책은 인사말이나 전화뿐만 아니라 미팅이나 프레젠테이션, 이메일 주고받기 등 모든 업무 상황을 예상하여 업무에 꼭 필요한 영어 표현과 정보를 간결하게 정리했습니다.

우선은 영어로 커뮤니케이션을 하는 데 있어 어떤 상황에서든 공통적으로 사용할 수 있는 기본적인 패턴을 습득합니다. PART 1에서 이러한 패턴을 익히면 단어를 바꿔 가면서 다양한 상황에 대응할 수 있게 될 것입니다.

핵심 패턴을 익힌 다음에는 PART 2에서 표현의 폭을 확장시킵시다. 업무상 자주 쓰는 표현을 상황별로 소개했습니다.

PART 3에서는 비즈니스 커뮤니케이션에서 빠질 수 없는 이메일 필수 표현과 비즈니스 레터의 서식 등을 소개합니다. 그리고 PART 4에서는 업무상 자주 쓰는 단어와 표현을 정리했습니다.

이 책이 여러분의 좋은 '비즈니스 파트너'가 되길 바랍니다.

Misono Maki

이 책의 구성

○ 직장인들이 자주 사용하는 영어 표현을 엄선했습니다.

PART 1
비즈니스 영어 핵심 패턴

다양한 비즈니스 상황에서 두루 쓸 수 있는 기본 패턴입니다. 기본 패턴만 마스터해도 하고 싶은 말들을 대부분 할 수 있습니다.

PART 2
상황별 실전 영어 표현

상황별로 정리해 두어 외우기 쉽고 실전에서도 바로 활용할 수 있습니다.

PART 3
업무용 이메일 필수 표현

비즈니스 커뮤니케이션에서 가장 중요한 이메일도 쉽게 작성할 수 있습니다.

PART 4
회사에서 자주 쓰는 단어·표현

알아 두면 좋은 단어와 표현을 수록했습니다. 앞서 익힌 패턴들에 단어들을 바꿔 쓰면 다양한 표현을 구사할 수 있습니다.

이 외에도 다양한 팁을 소개하여 실무에 대비하도록 해 줍니다.

자주 쓰는 패턴을 확실하게 익혀 두면 업무상 어떤 상황에서든 응용할 수 있습니다. 책상 위에 이 한 권만 놓여 있어도 든든할 것입니다.

• MP3 파일 무료 다운로드
www.nexusbook.com

목차

PART 2 ● 상황별 실전 영어 표현

1. 인사 · 소개

PART 3 ● 업무용 이메일 필수 표현

이메일

PART 4 ● 회사에서 자주 쓰는 단어 · 표현

3. 회사 · 업무에서 자주 사용하는 단어 · 표현

PART 1

비즈니스 영어
핵심 패턴

1 Could you ~?

~해 주시겠어요?

Could you ~?는 '~해 주시겠어요?'라는 뜻으로, 정중하게 요청하는 표현입니다. Could you 뒤에는 동사원형을 씁니다. 마지막에 please를 붙이면 더 공손한 표현이 됩니다. Could you ~?로 질문을 받았을 때, OK일 때는 Certainly(알겠습니다), Sure(물론이죠), No problem(좋아요) 등으로 대답합니다. 또한 안 될 때는 I'm afraid I can't(죄송하지만 안 돼요) 등으로 대답합니다.

Could you cancel the hotel reservation?
호텔 예약을 취소해 주시겠어요?

Could you tell me how to get to your office from Seoul Station?
서울역에서 귀사까지 가는 방법을 알려 주시겠어요?

Could you postpone our meeting?
미팅을 연기해 주시겠습니까?

Could you provide us with the price list?
가격표를 주시겠어요?

Could you change the delivery address?
배송지 주소를 변경해 주시겠어요?

Could you introduce me to Mr. Smith?
Smith 씨에게 저를 소개해 주시겠어요?

2 Would you ~?

~해 주시겠어요?

Would you ~?는 '~해 주시겠어요?'라는 뜻으로, 정중하게 요청하는 표현입니다. Would you 뒤에는 동사원형을 씁니다. 마지막에 please를 붙이면 더 공손한 표현이 됩니다. Would you ~?로 질문을 받았을 때에도, OK일 때는 Certainly(알겠습니다), Sure(물론이죠), No problem(좋아요) 등으로 대답합니다. 또한 안 될 때는 I'm afraid I can't(죄송하지만 안 돼요) 등으로 대답합니다.

Would you repeat that, please?

한 번 더 말씀해 주시겠어요?

Would you say that again?

한 번 더 말씀해 주시겠어요?

Would you close the window?

창문을 닫아 주시겠어요?

Would you keep my luggage?

짐을 보관해 주시겠어요?

Would you send us your inquiry by email?

문의 내용을 메일로 보내 주시겠어요?

레슨 포인트

Could you ~?는 Would you ~?에 비해서 가능성을 묻는 뉘앙스가 포함되어 있습니다.

3 Would you like to ~?

~하시겠어요?

Would you like to ~?는 '~하시겠어요?'라는 뜻으로, 무언가를 하도록 권하거나 원하는 것을 묻는 표현입니다. Do you want to ~?(~하고 싶어?)를 공손하게 표현한 것으로, to 뒤에는 동사원형을 씁니다. Would you like to ~?라고 물었을 때에는 Yes, I'd love to(네, 좋아요), Sure(물론이죠), Why not?(좋지), Sounds good(좋아요), I'd rather not(안 되겠는데요), No, thank you(아뇨, 괜찮아요) 등으로 대답합니다.

Would you like to wait?
기다리시겠어요?

Would you like to have a break?
잠깐 쉴까요?

Would you like to join us?
같이 하실래요?

Would you like to see our factory?
저희 공장을 보시겠어요?

레슨 포인트

'Would you like+명사?'라고 하면 어떤 동작을 하고 싶은지를 묻는 것이 아니라 물건을 갖고 싶은지를 묻는 표현이 됩니다. 물건을 갖고 싶은지를 물을 때에는 'Would you like+명사?', 동작을 하고 싶은지를 물을 때에는 'Would you like to+동사원형?'으로 외우세요. 또한 맨 앞에 What이나 How 등의 의문사를 붙여서 폭넓게 사용할 수 있습니다.

• What would you like to drink?
  무엇을 마시겠습니까?

4 We'd like to ~

~하고 싶은데요

We'd like to ~는 '~하고 싶은데요'라는 뜻으로, 정중하게 원하는 것을 전하는 표현입니다. to 뒤에는 동사원형을 씁니다. 비즈니스 상황에서는 We want to ~가 아니라 정중하게 We'd like to ~를 써야 합니다. 또한 회사의 입장에서 전달할 때에는 주어를 We로 쓰고, 개인적인 입장에서 전달할 때에는 주어를 I로 씁니다.

We'd like to know more about your services.
귀사의 서비스에 대해서 좀 더 알고 싶은데요.

We'd like to suggest an alternative.
대안을 제안하고 싶은데요.

We'd like to invite you to dinner.
저녁 식사에 초대하고 싶은데요.

We'd like to see the color samples.
색상 견본을 보고 싶은데요.

We'd like to talk about our testing service.
저희 회사의 시험 서비스에 대해 말씀드리고 싶은데요.

레슨 포인트

I'd like you to ~라고 하면 상대방에게 '~해 주었으면 합니다만'이라고 요청하는 표현이 됩니다.

• I'd like you to make a copy of this.
이것을 복사해 주었으면 하는데요.

5 Would you like me to ~?

~해 드릴까요?

Would you like me to ~?는 '~해 드릴까요?'라는 뜻으로, 자신이 무엇을 해 드릴지를 정중하게 묻는 표현입니다. to 뒤에는 동사원형을 씁니다.
18쪽의 Would you like to ~?와 혼동하지 않도록 주의합시다.
me가 없는 경우는 to 다음에 오는 동사의 주체가 상대방이 되고, me가 들어가면 동사의 주체는 자신이 됩니다. Would you like me to ~?라고 물으면 Yes, please(네, 부탁해요), No, that's OK(아니요, 괜찮아요) 등으로 대답합니다.

Would you like me to tell her to call you back?
다시 전화드리라고 전해 드릴까요?

Would you like me to send you our company brochure?
저희 회사 안내서를 보내 드릴까요?

Would you like me to help you?
도와드릴까요?

Would you like me to take your picture?
사진을 찍어 드릴까요?

Would you like me to draw you a map?
지도를 그려 드릴까요?

Would you like me to make a reservation?
예약해 드릴까요?

6 May I ~?
~해도 될까요?

May I ~?는 '~해도 될까요?'라는 뜻으로, 정중하게 원하는 것을 전달하는 표현입니다. May I 뒤에는 동사원형을 씁니다. 마지막에 **please**를 붙이면 더 공손한 표현이 됩니다. May I ~?라고 질문을 받으면 OK일 때는 Certainly(물론), Sure(물론), Of course(물론), Yes, you may(네, 좋아요) 등으로 대답합니다. 또한 안 될 때는 I'm afraid you can't(죄송하지만 안 돼요), No, you may not(삼가 주십시오), No, I'm sorry(미안하지만 안 됩니다) 등으로 대답합니다.

May I have your phone number?
전화번호를 물어도 될까요?

May I have your contact information?
연락처를 받을 수 있을까요?

May I ask you a favor?
부탁 좀 드려도 될까요?

May I interrupt you?
잠깐 실례해도 될까요?

May I try this on?
입어 봐도 될까요?

May I have extension 123?
내선 123을 부탁해도 될까요?

7 Let me ~

~하게 해 주세요

Let me ~는 '~하게 해 주세요'라는 뜻으로, 허가를 구하는 표현입니다. Let me 뒤에는 동사원형을 씁니다. 지금부터 무언가를 설명하거나 소개하려고 할 때 자주 사용하는 표현입니다.

Let me help you.
돕게 해 주세요. (도와드릴게요.)

Let me check.
확인하게 해 주세요. (확인해 볼게요.)

Let me introduce myself.
자기소개를 하겠습니다.

Let me explain the reason.
이유를 설명해 드리겠습니다.

Let me show you our latest model.
저희 최신 모델을 보여 드리겠습니다.

Let me give you an example.
예시를 들어 드리겠습니다.

Let me talk about our company first.
우선 저희 회사에 대해 말씀드리겠습니다.

Let me take you to the meeting room.
회의실로 안내해 드릴게요.

8 Would you mind ~?

~하면 안 될까요?

Would you mind ~?는 '~하면 안 될까요?'라고 의뢰하는 표현입니다. Would you mind 뒤에는 동명사가 옵니다.

Would you mind ~?라고 물었을 때 잘못 대답할 수 있으니 주의합시다. Would you mind ~?를 직역하면 '~하려는데 싫으세요?'가 되며, 질문에 응할 때에는 No(싫지 않아요=괜찮습니다)로 대답하게 됩니다. 즉 받아들일 경우는 No, not at all(괜찮아요), Of course, not(물론, 괜찮아요), 거절할 경우에는 I'm afraid I would(죄송하지만, 안 돼요) 등으로 대답합니다.

또한 Would you mind my -ing?라고 하면 동작의 주체가 자신이 되며, '제가 ~하면 안 될까요?'라고 상대방에게 허가를 구하는 표현이 됩니다.

Would you mind explaining it in more detail?

그것을 좀 더 상세하게 설명해 주시겠어요?

Would you mind telling him that I called?

제가 전화했었다고 그에게 전해 주시겠어요?

Would you mind waiting for a few minutes?

잠시 기다려 주시겠어요?

레슨 포인트

'Would you mind if I+동사?'라는 표현도 있습니다. 뜻은 위와 동일하며 동사는 과거형을 씁니다.

• Would you mind if I smoked?

담배를 피워도 될까요?

9 Is it possible to ~?

~해도 될까요?

Is it possible to ~?는 '~해도 될까요?'이며, 가능성을 묻는 표현입니다. to 뒤에는 동사원형을 씁니다. 'Is it possible for (사람) to ~?'라고 하면 to 다음의 동작을 하는 주체가 명확해집니다.

Is it possible to ~?라고 물었을 때, 가능할 때에는 Sure(물론이에요), 불가능할 때에는 I'm afraid+주어+can't(죄송하지만 안 돼요) 등으로 대답합니다.

Is it possible to postpone our meeting?

미팅을 연기해도 될까요?

Is it possible to change the specifications?

사양을 변경해도 될까요?

Is it possible to make a presentation to our management?

경영진에게 프레젠테이션을 해 주실 수 있을까요?

Is it possible to send your presentation slides in advance?

프레젠테이션 슬라이드를 미리 보내 주실 수 있을까요?

레슨 포인트

Is it을 Would it be로 바꾸면 더 공손한 표현이 됩니다.

· Would it be possible to postpone our meeting?

미팅을 연기해 주실 수 있을까요?

10 How about ~?

~는 어떠세요?

How about ~?은 '~는 어떠세요?'로 무언가를 제안할 때 사용하는 표현입니다. How about 뒤에는 사물을 제안할 때에는 명사, 동작을 제안할 때에는 동명사를 씁니다.

How about next Wednesday?

다음 주 수요일은 어떠세요?

How about Seoul Station?

서울역은 어떠세요?

How about Thai food?

태국 요리는 어떠세요?

How about some more coffee?

커피 조금 더 어떠세요?

How about having lunch together?

함께 점심 식사하는 것 어떠세요?

How about adding a few more slides?

슬라이드를 몇 장 더 추가하는 건 어떠세요?

How about changing your plan?

계획을 변경하는 건 어떠세요?

11 Shall we ~?

~할까요?

Shall we ~?는 '~할까요?'라는 뜻으로, 의향을 확인하거나 제안하는 표현입니다.
Shall we 뒤에는 동사원형을 씁니다.
Shall we ~?라고 물으면 Sure(물론이에요), OK(좋아요) 등으로 대답합니다.

Shall we get started?

시작할까요?

Shall we go on to the next subject?

다음 의제로 넘어갈까요?

Shall we take a break?

잠시 쉴까요?

Shall we reschedule the meeting?

회의 스케줄을 재조정할까요?

Where shall we meet?

어디에서 만날까요?

레슨 포인트

Shall we ~?보다는 캐주얼한 표현이긴 하지만, Let's ~(~합시다)도 자주 쓰입니다.
Let's 뒤에는 동사원형을 씁니다.

· Let's take a break.
  잠시 쉽시다.

12 I'm sure ~

분명히 ~라고 생각합니다

I'm sure ~는 '분명히 ~라고 생각합니다', '확실히 ~입니다'라고 확신을 전하는 표현입니다. sure 뒤에는 '주어+동사'를 씁니다.

I'm sure you can do it.
당신이라면 분명 할 수 있을 거예요.

I'm sure we can deliver the order by April 15.
4월 15일까지 확실히 납품할 수 있습니다.

I'm sure our price is very competitive.
저희 회사 가격은 매우 경쟁력이 있다고 확신합니다.

I'm sure you'll be satisfied with our new model.
분명 저희 신형 모델에 만족하실 겁니다.

I'm sure he will come to the office tomorrow.
그는 분명히 내일 회사에 출근할 겁니다.

레슨 포인트

I'm not sure도 자주 쓰는 표현으로, 확신이 없음을 표현할 수 있습니다.
무언가 질문을 받았는데 잘 모를 경우에 I'm not sure(잘 모르겠습니다.)라고 대답할 수 있습니다. 또한 Are you sure?(확실해요?)도 자주 쓰입니다.

13 I'm afraid ~

죄송합니다만 ~

I'm afraid ~는 '죄송합니다만 ~', '공교롭게도~', '유감입니다만 ~'이라는 의미로, 말하기 어려운 내용을 전할 때 사용하는 완곡한 표현입니다. afraid 뒤에는 '주어+동사'가 옵니다.

I'm afraid she's on another line at the moment.
죄송합니다만 그분은 지금 다른 전화를 받고 있습니다.

I'm afraid I'm not available tomorrow.
죄송합니다만 내일은 안 됩니다.

I'm afraid we're out of stock.
죄송합니다만 재고가 없습니다.

I'm afraid we can't accept a 30% discount.
죄송합니다만 30% 할인은 해 드릴 수 없습니다.

I'm afraid I have no idea.
죄송합니다만 잘 모르겠습니다.

I'm afraid you have the wrong number.
죄송하지만 잘못 거신 것 같습니다.

레슨 포인트

상대방이 질문한 것에 대해 대답할 때 I'm afraid so(죄송합니다만, 그렇습니다), I'm afraid not(죄송합니다만, 그렇지 않습니다)도 외워 두면 편리합니다.

14 I'm sorry ~

~해서 죄송합니다

I'm sorry ~는 '~해서 죄송합니다', '미안합니다만 ~'이라는 표현입니다. sorry 뒤에는 '주어+동사'가 옵니다.

I'm terribly sorry ~라고 하면 깊은 사죄의 마음을 나타낼 수 있습니다. 또한 I'm sorry to ~라고 할 경우에는 to 뒤에 동사원형을 씁니다.

I'm sorry I'm late.

늦어서 죄송해요.

I'm sorry I can't make it.

죄송하지만 (시간이) 안 될 것 같습니다.

I'm sorry I couldn't call you yesterday.

어제 전화드리지 못해서 죄송합니다.

I'm sorry to bother you.

귀찮게 해서 죄송합니다.

I'm sorry to keep you waiting.

기다리게 해서 죄송합니다.

레슨 포인트

I'm sorry ~보다도 더 정중하게 사과하는 표현으로 I apologize for ~라는 표현도 자주 씁니다.

- I apologize for the delay in delivery.
  배송이 늦어져서 죄송합니다.

15 We need to ~

~할 필요가 있습니다

We need to ~는 '~할 필요가 있습니다'라는 표현입니다. to 뒤에는 동사원형을 씁니다. We need 뒤에 명사가 올 경우에는 '~가 필요합니다'라는 뜻이 됩니다.

We need to change our password every month.
매달 비밀번호를 변경할 필요가 있습니다.

We need to update the virus definitions.
바이러스 정의를 갱신할 필요가 있습니다.

We need to catch up with our competitors.
경쟁사들을 따라잡아야 할 필요가 있습니다.

We need to expand our market share.
시장 점유율을 확대할 필요가 있습니다.

We need to build a sustainable business model.
지속 가능한 비즈니스 모델을 확립할 필요가 있습니다.

We need to fix our sales plan by the end of this month.
이달 말까지 영업 계획을 확정할 필요가 있습니다.

레슨 포인트

'~해야 한다'는 표현으로 have to ~도 같이 알아 두세요.
need to ~는 자신의 의지나 필요성에 따라 무언가를 할 필요가 있을 경우에 사용하며,
have to ~는 외적 요인에 의해 무언가를 해야만 할 경우에 사용합니다.

16 We're planning to ~

~할 예정입니다

We're planning to ~는 '~할 예정입니다'라는 뜻으로, 예정된 계획을 나타내는 표현입니다. to 뒤에는 동사원형을 씁니다.

We're planning to change our organization.
우리 조직을 변경할 예정입니다.

We're planning to revise the instruction manual.
취급 설명서를 개정할 예정입니다.

We're planning to have a seminar in June.
6월에 세미나를 개최할 예정입니다.

We're planning to submit a report this afternoon.
오늘 오후에 보고서를 제출할 예정입니다.

We're planning to take you to Busan tomorrow.
내일 당신을 부산으로 안내할 예정입니다.

We're planning to launch our new model on May 1.
5월 1일에 신상 모델을 발표할 예정입니다.

We're planning to invite a specialist.
전문가를 초빙할 예정입니다.

We're planning to implement a marketing campaign next month.
다음 달에 마케팅 캠페인을 실시할 예정입니다.

17 We're supposed to ~

~하기로 되어 있습니다

We're supposed to ~는 '~하기로 되어 있다'라는 뜻으로, 예정이나 계획을 나타내는 표현입니다. 단순한 계획이 아니라 규칙, 결정, 약속 등에 의해 하기로 되어 있는 계획이라는 뉘앙스가 포함되어 있습니다. to 뒤에는 동사원형을 씁니다.
We are를 We were라는 과거형으로 바꾸면 '~할 예정이었(는데 실제로는 하지 않았)다'라는 표현이 됩니다.

We're supposed to discuss next year's budget in September.

9월에 내년 예산에 대해 논의하기로 되어 있습니다.

We're supposed to have a weekly meeting on Monday.

월요일에 주간 미팅을 하기로 되어 있습니다.

We were supposed to renew our website yesterday, but it was postponed.

어제 웹 사이트를 리뉴얼할 예정이었는데 연기되었습니다.

We were supposed to visit ABC Company yesterday.

어제 ABC 사를 방문할 예정이었습니다.

We were supposed to hold a promotion seminar last week, but it was cancelled.

지난주에 판촉 세미나를 개최할 예정이었지만 취소되었습니다.

18 We look forward to ~

~을 기대하고 있습니다

We look forward to ~는 '~을 기대하고 있습니다'라는 표현입니다. 기대하는 것이 물건이나 일일 경우에는 **to** 뒤에 명사가 오고, 동작일 때에는 동명사가 옵니다. 가끔 **We are looking forward to** ~처럼 진행형으로 쓰기도 하지만, We look forward to ~가 더 공식적인 인상을 줍니다.

We look forward to your order.
주문해 주시기를 기대하고 있습니다.

We look forward to your prompt reply.
귀하의 신속한 답변을 기다리겠습니다.

We look forward to hearing from you.
답변을 주시면 감사하겠습니다.

We look forward to serving you again.
다시 모시게 되기를 바랍니다.

We look forward to the next regular meeting.
다음 정기 미팅을 기대하고 있겠습니다.

We look forward to working with you in the near future.
가까운 시일 내에 함께 일할 수 있기를 기대합니다.

We look forward to seeing you next week.
다음 주에 뵐 수 있기를 바랍니다.

19 I don't think ~

~은 아니라고 생각합니다

I don't think ~는 '~은 아니라고 생각합니다'라는 표현입니다. think 뒤에는 '주어+동사'를 씁니다. 'I don't think+긍정문' 패턴이라고 외워 두세요.

I don't think that's a good idea.
좋은 생각은 아니라고 생각해요.

I don't think we've met before.
예전에 못 뵌 것 같아요. (처음 뵙겠습니다.)

I don't think we should do it.
그것을 해서는 안 된다고 생각해요.

I don't think we can meet the deadline.
마감 시간을 맞출 수 없을 것 같아요.

I don't think they offer a better price.
그들이 더 나은 가격을 제시하지 않을 거라고 생각해요.

I don't think we can change the specifications.
사양은 변경할 수 없을 것 같습니다.

I don't think the training business is profitable.
연수 사업은 수익성이 좋지 않다고 생각합니다.

20 Thank you for ~

~에 감사드립니다

Thank you for ~는 감사 인사를 할 때 항상 쓰는 표현입니다. for 뒤에는 명사나 동명사를 씁니다. Thank you very much for ~라고 하면 더욱 공손한 표현이 됩니다. 또한 다음 페이지에서 소개하는 appreciate를 쓰면 더 격식 있는 뉘앙스로 감사함을 표현할 수 있습니다.

Thank you for your time.
시간을 내 주셔서 감사합니다.

Thank you for the detailed information.
상세한 정보를 주셔서 감사합니다.

Thank you for your advice.
조언해 주셔서 감사합니다.

Thank you for visiting our office.
저희 회사를 찾아 주셔서 감사합니다.

Thank you for reminding me.
상기시켜 주셔서 감사합니다.

Thank you very much for your support.
도움을 주셔서 진심으로 감사드립니다.

Thank you for your cooperation.
협조해 주셔서 감사드립니다.

21 We'd appreciate it if you could ~

~해 주시면 고맙겠습니다

We'd appreciate it if you could ~는 '~해 주시면 고맙겠습니다'라는 표현입니다.
could 뒤에는 동사원형을 씁니다. 바라는 것을 정중하게 전하고 싶을 때 쓸 수 있는 표현입니다.

We'd appreciate it if you could let us know your availability.

가능하신지 알려 주시면 고맙겠습니다.

We'd appreciate it if you could send us your quote by tomorrow morning.

내일 아침까지 견적서를 보내 주시면 감사하겠습니다.

We'd appreciate it if you could give us a call.

전화를 주시면 고맙겠습니다.

We'd appreciate it if you could join the meeting.

그 미팅에 참가해 주시면 감사하겠습니다.

레슨 포인트

'We appreciate+명사'라고 하면, '~에 감사합니다'라는 표현이 됩니다.

• We appreciate your effort.
  당신의 노고에 감사드립니다.

• We appreciate your support.
  지원에 감사드립니다.

22 I was wondering if ~

~해 주실 수 있을까 해서요

I was wondering if ~는 '~해 주실 수 있을까 해서요'라고 공손하게 어떤 일을 요청하거나 확인하는 표현입니다. if 뒤에는 '주어+동사'를 씁니다.

I was wondering if you could help me.
저를 도와주실 수 있을까 해서요.

I was wondering if we could meet sometime next week.
다음 주에 뵐 수 있을지 궁금해서요.

I was wondering if you could move up the delivery date.
납품일을 당겨 주실 수 있을까 해서요.

I was wondering if you could provide us with additional information.
추가 정보를 제공해 주실 수 있을까 해서요.

I was wondering if you've considered our proposal.
저희 제안을 검토해 주셨는지 궁금합니다.

I was wondering if you would take care of this.
이 건을 처리해 주실 수 있을까 해서요.

23 You might want to ~

~하면 어떠세요?

You might want to ~는 '~하면 어떠세요?'라고 상대방의 자주성을 존중하면서 공손하게 제안하는 표현입니다. to 뒤에는 동사원형을 씁니다.
'~하는 편이 좋다'라는 의미의 You had better ~는 경고하려는 경우에 사용하며, 제안하는 경우에는 쓰지 않습니다.

You might want to try this.
이것을 시도해 보는 건 어떠세요?

You might want to take a look at the recent survey results.
최근 조사 결과를 살펴보는 건 어떠세요?

You might want to reconsider your strategy.
전략을 재고해 보는 건 어떠세요?

You might want to ask for professional advice.
전문가의 의견을 들어 보는 건 어떠세요?

You might want to remove this figure.
이 그림을 삭제해 보는 건 어떠세요?

You might want to prioritize your tasks.
일에 우선순위를 매겨 보는 건 어떠세요?

You might want to do some research of the Asian market.
아시아 시장을 조사해 보는 건 어떠세요?

24 How is(was) ~?

~는 어떠세요(어떠셨어요)?

How is ~?는 '~는 어떠세요?'라는 뜻으로 상황과 관련해 질문하는 표현입니다. is 뒤에는 명사가 옵니다. 명사가 복수형일 경우에는 How are ~?가 됩니다.
is 대신 과거형 was를 쓰면 '~는 어떠셨어요?'라는 뜻으로, 과거의 상황과 관련된 표현이 됩니다. 아울러 현재진행형이나 현재완료형을 쓰는 것도 가능합니다.

How is your business?
사업은 어떠세요?

How is the weather over there?
그쪽 날씨는 어때요?

How are our sales this month?
이번 달 저희 매출은 어떤가요?

How was your weekend?
주말은 어땠어요?

How was your flight?
비행은 어떠셨어요?

How have you been?
어떻게 지내셨어요?

How is it going?
어떻게 되어 가나요? (잘 지내시나요?)

25 Please feel free to ~

편하게 ~해 주세요

Please feel free to ~는 '편하게 ~해 주세요', '자유롭게 ~해 주세요'라는 표현입니다. to 뒤에는 동사원형을 씁니다. 메일의 마지막 인사 문장으로 자주 쓰는 표현입니다.

Please feel free to drop by our office anytime.

언제든지 편하게 저희 회사에 들러 주세요.

Please feel free to call me anytime.

언제든지 편하게 전화 주세요.

Please feel free to link to our site.

편하게 저희 사이트에 링크를 걸어 주세요.

If you have any questions, please feel free to ask me.

질문이 있으시면 편하게 질문해 주세요.

If you need further information, please feel free to contact us.

정보가 더 필요하시면 편하게 연락 주세요.

Please feel free to give us your feedback.

편하게 의견을 말씀해 주세요.

26 Please don't hesitate to ~

주저하지 마시고 ~해 주세요

Please don't hesitate to ~는 '주저하지 마시고 ~해 주세요'라는 표현입니다. to 뒤에는 동사원형을 씁니다. Please feel free to ~와 마찬가지로 메일의 마지막 인사 문장으로 자주 쓰는 표현입니다.

If you have any questions, please don't hesitate to ask me.
궁금하신 점이 있으면 주저하지 마시고 질문해 주세요.

If you need further information, please don't hesitate to contact us.
정보가 더 필요하시면 주저 없이 연락 주세요.

If there is anything else I can do for you, please don't hesitate to let me know.
그 외에 도움이 될 만한 것이 있으면 주저하지 마시고 알려 주십시오.

Please don't hesitate to email me at any time.
언제든지 주저하지 마시고 메일 주세요.

Please don't hesitate to give us your feedback.
주저하지 마시고 의견 주세요.

27 I'll let you know ~

~을 알려 드리겠습니다

I'll let you know ~는 '~을 알려 드리겠습니다'라는 표현입니다. know 뒤에는 명사나 수식어가 옵니다.

I'll let you know as soon as possible.
가능한 한 빨리 알려 드리겠습니다.

I'll let you know my e-mail address later.
나중에 제 메일 주소를 알려 드리겠습니다.

I'll let you know the results in a few days.
며칠 안에 결과를 알려 드리겠습니다.

I'll let you know when I find out.
알게 되면 알려 드리겠습니다.

I'll let you know when I get there.
도착하면 알려 드리겠습니다.

I'll let you know when I finish it.
그것을 끝마치면 알려 드리겠습니다.

레슨 포인트

Let me know(저에게 알려 주세요)도 자주 쓰는 표현이니 함께 외워 두세요.

· If you have any questions, please let me know.
　질문이 있으시면 알려 주세요.

28 Please be informed that ~

~을 알려 드립니다

Please be informed that ~은 I'll let you know ~와 마찬가지로 '~을 알려 드리겠습니다'라는 표현이지만, 수동태를 사용함으로써 더욱 공손한 표현이 됩니다. that 뒤에는 '주어+동사'를 씁니다.

Please be informed that we've received your order.
저희 회사에서 주문을 받았음을 알려 드립니다.

Please be informed that your payment is overdue.
납입 기한이 지났음을 알려 드립니다.

Please be informed that we'll be closed on September 17.
9월 17일은 휴업임을 알려 드립니다.

Please be informed that we've updated our system.
저희 시스템을 업데이트하였음을 알려 드립니다.

레슨 포인트

Please kindly be informed ~와 같이 kindly를 붙이면 더 공손한 표현이 됩니다.
또한 Please be advised that ~처럼 informed를 advised로 바꾸면 '양해해 주십시오'와 같이 더 강제성이 강한 뉘앙스가 됩니다.

29 We used to ~

예전에는 ~였습니다

We used to ~는 '예전에는 ~였습니다'라는 표현으로, '지금은 아니지만 예전에는 ~
였다'라고 말하고 싶을 때 씁니다. to 뒤에는 동사원형을 씁니다. 과거의 어느 한 시점에
대해서는 쓸 수 없으므로 주의하세요.

We used to do business with ABC.
예전에는 ABC와 거래를 했습니다.

We used to have a sales office in Busan.
예전에는 부산에 영업소가 있었습니다.

We used to run a hotel.
예전에는 호텔을 경영했습니다.

We used to work in the same department.
예전에 같은 부서에서 일했습니다.

We used to have a weekly meeting.
예전에는 매주 미팅을 했습니다.

We used to have a business partnership with ABC.
예전에는 ABC와 사업 제휴를 했습니다.

레슨 포인트

We're used to ~처럼 be동사를 넣으면 '~에 익숙하다'라는 의미로 전혀 다른 표현
이 되니 주의하세요. 이때 to 뒤에는 동명사를 씁니다.

30 I've been ~

계속 ~입니다

I've been ~은 '계속 ~입니다'라고 지속을 나타내는 표현입니다. been 뒤에는 상태를 나타내는 형용사나 전치사를 씁니다.

I've been with this company for 10 years.

저는 이 회사에 10년째 근무하고 있습니다.

I've been sick for a few days.

요 며칠 몸 상태가 안 좋아요.

I've been very busy since last Wednesday.

지난주 수요일 이후로 계속 바쁩니다.

I've been in Bangkok.

방콕에 체류하고 있습니다.

I've been out of the office all day today.

오늘은 종일 외근입니다.

레슨 포인트

I've been ~에는 '~한 적이 있습니다'라는 경험의 의미를 가진 용법도 있습니다.

· I've been to New York.

저는 뉴욕에 간 적이 있습니다.

· I've never been to New York.

저는 뉴욕에 가 본 적이 없습니다.

31 We've decided to ~

~하기로 했습니다

We've decided to ~는 '~하기로 했습니다'라는 표현입니다. to 뒤에는 동사원형을 씁니다. 또한 We've decided not to ~라고 하면 '~하지 않기로 결정했다'라는 뜻이 됩니다.

We've decided to change the price structure.
가격 구조를 변경하기로 했습니다.

We've decided to expand the product line.
생산라인을 확대하기로 했습니다.

We've decided to shift our production overseas.
생산을 해외로 이동하기로 했습니다.

We've decided to penetrate the Indian market.
인도 시장에 진출하기로 했습니다.

We've decided to do business with ABC.
ABC와 거래하기로 했습니다.

We've decided not to renew our contract.
계약을 갱신하지 않기로 했습니다.

We've decided not to procure raw materials from overseas.
해외에서 원재료를 조달하지 않기로 했습니다.

32 We're concerned about ~

~에 대해 걱정하고 있습니다

We're concerned about ~는 '~에 대해 걱정하고 있습니다'라는 뜻으로, 걱정되는 사항을 전하는 표현입니다. about 뒤에는 명사를 씁니다. We're a little concerned about ~이라고 하면 '~에 대해서 조금 걱정하고 있습니다'라는 표현입니다.

We're concerned about the quality.
품질에 대해 걱정하고 있습니다.

We're concerned about our budget next year.
내년 예산에 대해 걱정하고 있습니다.

We're concerned about the delivery date.
납품일에 대해 걱정하고 있습니다.

We're concerned about energy supply.
에너지 공급에 대해 걱정하고 있습니다.

We're concerned about their overseas manufacturing capability.
그들의 생산 능력에 대해 걱정하고 있습니다.

We're concerned about the impact of the regulations.
규제의 영향에 대해 걱정하고 있습니다.

We're concerned about the additional costs.
추가 비용에 대해 걱정하고 있습니다.

We're concerned about the human rights issues.
인권 문제에 대해 걱정하고 있습니다.

33 Here is ~

여기 ~입니다

Here is ~는 '여기 ~입니다'라는 표현입니다. is 뒤에는 명사가 옵니다. 이때 명사가 단
수인 경우에는 Here is ~, 복수인 경우에는 Here are ~를 씁니다.

Here is my cell phone number.
여기 제 핸드폰 번호입니다.

Here is my business card.
여기 제 명함입니다.

Here is our company brochure.
저희 회사 안내서입니다.

Here is your ticket.
여기 당신의 티켓입니다.

Here is the list.
리스트입니다.

Here is an example.
이것이 예시입니다.

Here are the results of the questionnaire.
여기 설문조사 결과입니다.

34 We have ~

~이 있습니다

We have ~는 '~이 있습니다'라는 표현입니다. have 뒤에는 명사가 옵니다. There is/are ~를 쓰기도 하지만, We have ~도 외워 두세요. We had ~는 과거에 있었던 일을 표현합니다.

We have 2 sales offices in Seoul.
서울에 영업소가 두 곳 있습니다.

We have 6 divisions.
저희 회사에는 6개 부서가 있습니다.

We have 3 models.
세 가지 모델이 있습니다.

We have around 300 employees.
약 300명의 직원이 있습니다.

We have a sales meeting all day tomorrow.
내일은 하루 종일 영업 회의가 있습니다.

We have a serious problem.
중대한 문제가 있습니다.

We have some questions.
몇 가지 질문이 있습니다.

We had a long meeting yesterday.
어제는 장시간에 걸친 미팅이 있었습니다.

35 It depends on ~

～에 달려 있습니다

It depends on ~은 '～에 달려 있습니다', '～에 따라 다릅니다'라는 표현입니다. on 뒤에는 명사가 오지만, '의문사+주어+동사'가 올 수도 있습니다.

It depends on the situation.
상황에 달려 있습니다.

It depends on the day.
그날에 달려 있습니다.

It depends on the budget.
예산에 달려 있습니다.

It depends on the progress.
진척 상황에 달려 있습니다.

It depends on the case.
경우에 따라 다릅니다.

It depends on when you'd like to start.
언제 시작하고 싶으신지에 따라 다릅니다.

레슨 포인트

That depends(경우에 따라 달라요)라는 표현도 자주 쓰이므로 외워 두세요.

36 It seems ~

~인 것 같습니다

It seems ~는 '~인 것 같습니다'라는 뜻으로, 미루어 짐작하는 뉘앙스를 포함한 표현입니다. 무언가를 완곡하게 전하고 싶은 경우 등에 쓸 수 있습니다.

It seems that we need more information.

정보가 더 필요한 것 같습니다.

It seems that there's a mistake in the price on the invoice.

송장 총액에 착오가 있는 것 같습니다.

It seems that the problem hasn't been resolved yet.

문제가 아직 해결되지 않은 것 같습니다.

It seems that the copy machine doesn't work.

그 복사기는 고장이 난 것 같아요.

It seems to me that fixed costs are too expensive.

제 생각에는 고정비가 너무 비싼 것 같습니다.

레슨 포인트

It seems that ~에서 that 다음의 주어를 전체 문장의 주어로 하여, '주어+seem(s)+to+동사원형'의 형태로 쓸 수도 있습니다.

· It seems that she is busy.
  그녀는 바쁜 것 같습니다.

· She seems to be busy.
  그녀는 바쁜 것 같습니다.

37 Compared to/with ~

~와 비교하면

Compared to/with ~는 '~와 비교하면'의 뜻으로, 비교할 때 쓰는 표현입니다.
to/with 뒤에는 명사를 씁니다.

Compared to/with Taiwan,
대만과 비교하면.

Compared to/with last year,
작년과 비교하면.

Compared to/with the previous model,
이전 모델과 비교하면.

Compared to/with others,
다른 것들과 비교하면.

Compared to/with our competitors,
경쟁사들과 비교하면.

Compared to/with before,
이전과 비교하면.

Compared to/with yesterday,
어제와 비교하면.

Compared to/with 5 years ago,
5년 전과 비교하면.

38 Due to ~
~로 인하여

Due to ~는 '~로 인하여', '~이 원인으로'라는 뜻으로, 이유를 나타내는 표현입니다.
to 뒤에는 명사를 씁니다.

Due to this reason,
이 이유로 인하여,

Due to this change,
이 변경 사항으로 인하여,

Due to the cultural differences,
문화의 차이로 인하여,

Due to the typhoon,
태풍으로 인해,

Due to the delay in delivery,
납품 지연으로 인해,

Due to lack of planning,
계획성의 부족으로 인해,

Due to our company policy,
저희 회사 방침으로 인해,

Due to the bad weather,
악천후로 인해,

39 In terms of ~

~의 관점에서

In terms of ~는 '~의 관점에서', '~의 면에서'라는 표현입니다. of 뒤에는 명사를 씁니다.

In terms of price,
가격 면에서.

In terms of quality,
품질 면에서.

In terms of durability,
내구성 면에서.

In terms of security,
안전성의 관점에서.

In terms of profit,
이익 면에서.

In terms of user-friendliness,
사용자 편의성의 관점에서.

In terms of accuracy,
정확성 면에서.

In terms of reliability,
신뢰도 면에서.

40 the following ~

다음의 ~

the following ~은 '다음의 ~', '이하의 ~'이라는 표현으로, 메일에서 자주 씁니다. the following 뒤에는 명사를 씁니다.
또한 The following is/are ~(다음은 ~입니다)와 같이 following을 명사로 사용하는 것도 가능합니다.

Could you provide us with the following information?

다음 정보를 받을 수 있을까요?

You can view the following site for some more information.

더 많은 정보는 다음 사이트에서 보실 수 있습니다.

You can choose from the following options:

다음 선택지에서 고르실 수 있습니다.

We need to satisfy the following conditions:

다음 조건을 충족시킬 필요가 있습니다.

레슨 포인트

as follows: (다음과 같이)라는 표현도 자주 사용합니다.

· The results are as follows:
  결과는 다음과 같습니다.

유사한 표현으로 below(아래의)도 자주 쓰입니다.

· Please see my comments below.
  아래의 제 코멘트를 봐 주십시오.

PART 2

**상황별
실전 영어 표현**

인사 · 소개

만났을 때

I'm Leia Kim from ABC Corporation.
ABC 사의 Leia Kim입니다.

Nice to meet you.
만나 뵙게 돼서 반갑습니다.

> **원포인트** 처음 만났을 때 사용하는 표현입니다.

Nice to see you again.
또 뵙게 돼서 기뻐요.

> **원포인트** 만남이 두 번 이상일 때 하는 인사말입니다. 만나는 것이 두 번째 이후일 경우에는 meet이 아닌 see를 사용합니다.

I'm pleased to meet you.
만나서 반가워요.

It's a pleasure to meet you.
만나서 반가워요.

It's an honor to meet you.
만나 뵙게 돼서 영광입니다.

Have we met before?
예전에 뵌 적이 있나요?

I don't think we've met before.
처음 뵙는 것 같아요.

I haven't seen you for a long time.

굉장히 오랜만에 뵙는 것 같아요.

How have you been?

어떻게 지내셨어요?

I've heard a lot about you.

말씀 많이 들었어요.

How is your business?

요즘 사업은 어떠세요?

How was the flight?

비행은 어땠어요?

Do you have jet lag?

시차 적응이 힘드시죠?

You must be tired.

피곤하시겠어요.

I'm looking forward to working with you.

함께 일할 수 있기를 고대하고 있습니다.

자기소개

MP3 **2-02**

Please allow me to introduce myself.

제 소개를 하겠습니다.

Please let me introduce myself.

제 소개를 할게요.

I'm Su-mi Park.

저는 박수미라고 합니다.

My name is Emma Roberts.

제 이름은 Emma Roberts입니다.

Please call me Emma.

Emma라고 불러 주세요.

I work for ABC.

저는 ABC에서 일하고 있어요.

I'm the manager of the sales department.

저는 영업부 매니저입니다.

I'm responsible for public relations.

저는 홍보 책임자입니다.

I'm in charge of business development.

저는 사업 개발을 담당하고 있습니다.

원포인트 be in charge of ~ ~을 담당하다

I'm in charge of this project.

저는 이 프로젝트를 담당하고 있습니다.

I'm handling recruitment.

저는 채용을 담당하고 있습니다.

I'm in the quality assurance department.

저는 품질보증부 소속입니다.

I've been working with ABC for 8 years.

저는 8년째 ABC 사에 근무하고 있습니다.

I do sales.
저는 영업을 하고 있어요.

I was hired to work as an engineer.
저는 엔지니어로 고용되었습니다.

I haven't changed jobs.
저는 이직한 적이 없습니다.

> **원 포인트** change jobs 이직하다

May I have your business card?
명함을 받을 수 있을까요?

Here is my business card.
제 명함입니다.

This is my e-mail address.
제 이메일 주소입니다.

타인 소개하기

MP3 **2-03**

I'd like to introduce our business manager, Mr. Kwon.
저희 사업부장인 권 씨를 소개해 드리겠습니다.

> **원 포인트** 소개할 때는 우선 손님에게 본인 회사의 멤버를 소개합니다.

May I introduce our technical manager?
저희 기술부장을 소개해 드려도 될까요?

Let me introduce my colleague.
동료를 소개해 드리겠습니다.

This is Mr. Brown, our technical manager.
이쪽이 기술부장인 Brown 씨입니다.

He's on the sales side.

그는 영업 쪽 사람입니다.

She is a secretary to Mr. Jones.

그녀는 Jones 씨의 비서입니다.

원포인트 a secretary to ~ ~의 비서

I'd like to introduce you to our staff.

저희 직원을 소개하겠습니다.

He works in the design department.

그는 디자인부에 근무하고 있습니다.

She used to be in charge of purchasing.

그녀는 예전에 구매를 담당했었습니다.

She can't speak English at all.

그녀는 영어를 전혀 못합니다.

원포인트 not ~ at all 전혀 ~ 않다

회사 소개하기

MP3 2-04

We're a market research company.

저희 회사는 시장조사 기업입니다.

Our head office is in Seattle.

본사는 시애틀에 있습니다.

We're one of the leading pharmaceutical companies.

저희 회사는 제약업계 대기업 중 하나입니다.

원포인트 leading company 대기업, 일류 기업
one of the+복수형 ~ 중 하나

We're a mid-sized company.

저희 회사는 중소기업입니다.

원포인트 small-sized 소규모의

We're one of the leading food manufacturers in Korea.

저희 회사는 한국의 식품 제조 대기업 중 하나입니다.

원포인트 manufacturer 제조업자, 제조업체

We're the second largest manufacturer of electronic components in Korea.

저희 회사는 한국에서 두 번째로 큰 전자 부품 제조업체입니다.

We started as a manufacturer of cosmetics.

저희 회사는 화장품 제조업체로 시작했습니다.

We were established in 1960.

저희 회사는 1960년에 설립되었습니다.

We've been in business since 1960.

저희 회사는 1960년에 창업했습니다.

We've been in business for a hundred years.

저희 회사는 100년간 사업을 해 왔습니다.

We've been in this industry for 50 years.

저희 회사는 50년 동안 이 업계에서 종사해 왔습니다.

We're listed on the Tokyo Stock Exchange.

저희 회사는 도쿄 증권 거래소에 상장되어 있습니다.

We've acquired XY Inc.

저희 회사는 주식회사 XY를 매수했습니다.

We merged with XY Inc. in 2000.

저희 회사는 2000년에 주식회사 XY와 합병했습니다.

원 포인트 merge with ~ ~와 합병하다

We form an alliance with XY Inc.

저희 회사는 주식회사 XY와 제휴했습니다.

We form a capital alliance with XY Inc.

저희 회사는 주식회사 XY와 자본 제휴를 했습니다.

We were absorbed into ABC Group.

저희 회사는 ABC 그룹에 흡수되었습니다.

원 포인트 be absorbed into ~ ~에 흡수되다

We're supposed to be absorbed into ABC Group.

저희 회사는 ABC 그룹에 흡수될 예정입니다.

We have a subsidiary in Seoul.

저희 회사는 서울에 자회사가 있습니다.

We have 100 factories all over the world.

저희 회사는 전 세계에 공장이 100곳 있습니다.

We have 3 branches in Japan.

저희 회사는 일본에 지점이 3개 있습니다.

We don't have any branch offices outside of South Korea.

저희 회사는 국외에 지점이 없습니다.

We have about 300 employees.

저희 회사는 약 300명의 직원들이 있습니다.

We have more than 200 employees.

저희 회사는 200명이 넘는 직원들이 있습니다.

원포인트 more than ~ ~을 넘는 ('~ 이상'이 아니라는 것에 주의하세요.)

  ~ and more ~ 이상

Sales were 3 billion won last year.

작년엔 매출이 30억 원이었습니다.

We're doing business with XY Company.

저희 회사는 XY 사와 거래하고 있습니다.

XY is our competitor.

XY는 저희 경쟁사입니다.

We're going to move in March.

저희 회사는 3월에 이전합니다.

We specialize in IT consulting.

저희 회사는 IT 컨설팅을 전문으로 하고 있습니다.

We specialize in IT service.

저희 회사의 주력 사업은 IT 서비스입니다.

We consist of 5 divisions.

저희 회사는 5개 부서로 구성되어 있습니다.

We do business globally.

저희 회사는 세계적으로 사업을 하고 있습니다.

We expanded our business to Canada last year.

작년에 우리는 캐나다로도 사업을 확장했습니다.

We're capitalized at 100 million dollars.

자본금은 1억 달러입니다.

Our annual revenue is about 300 million dollars.

저희 회사의 연 매출은 약 3억 달러입니다.

Our sales last year were 2 billion won.

저희 회사의 작년 매출은 20억 원이었습니다.

We achieved our sales target last year.

우리는 작년에 매출 목표를 달성했습니다.

We're the market leader in this industry.

저희 회사는 이 업계에서 선두 기업입니다.

We dominate the market share in this field.

저희 회사는 이 분야 시장에서 우위를 점하고 있습니다.

We have a 15% share of the market.

저희 회사의 시장 점유율은 15%입니다.

We're developing new software.

저희 회사는 새로운 소프트웨어를 개발 중입니다.

※회사 개요를 설명할 때 자주 사용하는 표현이나 단어는 165쪽의 PART 4를 참고하세요.

퇴직 · 이동   MP3 2-05

She is my successor.

그녀는 제 후임입니다.

I'll retire from ABC Company on March 31.

저는 3월 31일부로 ABC 사에서 정년 퇴직합니다.

I'll be transferred to the sales department.

저는 영업부로 이동하게 됩니다.

원포인트 be transferred to ~ ~로 이동하게 되다

I'll be transferred to another department.

저는 다른 부서로 이동하게 됩니다.

I'll be transferred to our Jeju branch.

저는 제주 지점으로 이동하게 됩니다.

I was transferred to the overseas division a week ago.

저는 일주일 전에 해외사업부로 이동하게 되었습니다.

상대방에 대해 질문하기

MP3 2-06

What company do you work for?

어디에 근무하세요?

What does your company do?

귀사는 무슨 일을 하나요?

What's your major business?

귀사의 주요 사업은 무엇입니까?

What floor is your office on?

당신의 사무실은 몇 층입니까?

How long have you worked for the company?

이 회사에서 얼마나 근무하셨어요?

Nice meeting you.

만나서 반가웠어요.

Nice seeing you.

만나서 반가웠어요.

It was nice talking to you.

이야기 나눠서 좋았어요.

I'm looking forward to seeing you again.

다시 만나기를 기대합니다.

I have to go back to the office.

사무실에 들어가 봐야 해요.

Please keep in touch.

앞으로도 연락합시다.

Please give my best regards to Ms. Jones.

Jones 씨에게 안부 전해 주세요.

Thank you very much for taking time to meet us today.

오늘 시간 내 주셔서 매우 감사했습니다.

전화

전화 걸기/받기

Hello.
여보세요.

This is Sarah from ABC Corporation.
ABC 사의 Sarah라고 합니다.

May I speak to Mr. White?
White 씨와 통화할 수 있을까요?

May I talk to Ms. Smith?
Smith 씨 좀 바꿔 주시겠어요?

I'd like to speak to someone in charge of sales.
영업을 담당하고 계신 분과 통화하고 싶은데요.

Can I have extension 3156, please?
내선 3156번 부탁합니다.

I'm calling you about the payment.
지불 때문에 전화드렸는데요.

May I ask who's calling?
누구신지 여쭤봐도 될까요?

Who's calling, please?
전화 거신 분은 누구십니까?

May I have your company name, please?
회사명을 여쭤봐도 되겠습니까?

May I ask the purpose of your call?
용건을 여쭤봐도 되겠습니까?

Hold on, please.
잠시 기다려 주세요.

One moment, please.
잠시만 기다려 주십시오.

I'll put you through to Mr. Robin.
Robin 씨께 연결해 드릴게요.

I'll connect you with the sales department.
영업부로 연결해 드리겠습니다.

Let me connect you with the accounting department.
회계부로 연결해 드리겠습니다.

We have two Lees.
이 씨가 두 명 있는데요.

We don't have anybody by that name.
그런 이름을 가진 분은 안 계십니다.

There's no such person here.
그런 분은 안 계십니다.

She's no longer with our company.
그녀는 퇴사했습니다.

She no longer works here.
그녀는 퇴사했습니다.

Speaking.

(본인이 전화를 받았을 때) 전데요.

This is he. (남성) / This is she. (여성)

(본인아 전화를 받았을 때) 전데요.

Thank you for waiting.

기다려 주셔서 감사합니다.

Is this a good time for you to talk?

지금 통화 괜찮으신가요?

지명한 사람 · 지명받은 사람이 없을 경우

MP3 2-09

I'm afraid her line is busy.

죄송하지만 통화 중입니다.

She's on another line.

다른 전화를 받고 있습니다.

She's not at her desk at the moment.

잠깐 자리를 비우셨는데요.

He's away from his desk at the moment.

잠깐 자리를 비우셨는데요.

He's out of the office.

사무실에 안 계십니다.

He's on a business trip.

출장 중입니다.

He's overseas on business.

해외 출장 중입니다.

He's out to lunch now.
지금 점심 식사하러 나가셨습니다.

He's in a meeting now.
지금 회의 중입니다.

Let me check his schedule.
스케줄을 확인하겠습니다.

Will she be back soon?
바로 돌아오시나요?

She'll be back in 10 minutes.
10분 안에 올 것입니다.

원포인트 in ~ minute(s) ~분 안에 / in ~ hour(s) ~시간 안에

He'll be back around 5 o'clock.
5시 무렵에 돌아올 것입니다.

He should be back by 5 o'clock.
5시까지 돌아올 예정입니다.

원포인트 by ~ ~까지(until과 혼동하지 않도록 주의)

He won't be back today.
그는 오늘 사무실에 안 돌아옵니다.

He's gone for the day.
그는 퇴근했습니다.

He's left the office for the day.
그는 오늘 퇴근했습니다.

I'm afraid he's left for the day.
죄송하지만 그는 오늘 퇴근했습니다.

He left the office a few minutes ago.

그는 몇 분 전에 사무실을 나갔습니다.

She went out about an hour ago.

그녀는 1시간쯤 전에 외출했습니다.

She won't be back until next week.

그녀는 일주일 후에나 돌아올 거예요.

He'll be in tomorrow.

그는 내일은 출근할 예정입니다.

He won't go out tomorrow.

그는 내일은 외출하지 않을 겁니다.

He hasn't come back yet.

그는 아직 안 들어왔습니다.

She's off today.

그녀는 오늘 휴무입니다.

He's taking a day off today.

그는 오늘 하루 휴가를 냈습니다.

He's been transferred to the Seoul branch.

서울 지점으로 전근 갔습니다.

Shall I have him call you?

그에게 전화드리라고 할까요?

원포인트 have+사람+동사원형 ~에게 …하게 하다

May I have your phone number?

전화번호를 알려 주실 수 있을까요?

I'll call again.
다시 전화하겠습니다.

I'll call her in 15 minutes.
15분 후에 그녀에게 다시 전화할게요.

May I speak to someone else in charge?
다른 담당자분과 통화할 수 있을까요?

전하는 말

Shall I take a message?
메시지를 남기시겠어요?

May I take a message?
메시지 남겨 드릴까요?

Would you like to leave a message?
메시지를 남기시겠습니까?

I'd like to leave a message.
메시지를 남기고 싶습니다.

Could you take a message for her?
그녀에게 말씀 좀 전해 주시겠어요?

Please tell her to call me on my cell phone.
그녀에게 제 휴대전화로 전화해 달라고 전해 주세요.

원포인트 (미) cell (phone) / (영) mobile (phone) 휴대전화

Please call me on my cell phone at 010-1234-5678.
제 휴대전화 010-1234-5678로 전화 주세요.

Could you tell him that I called?

제가 전화했었다고 그에게 전해 주시겠어요?

Would you just tell her that I called?

제가 전화했었다고만 그녀에게 전해 주시겠습니까?

Please tell him that I called.

제가 전화했다고 그에게 전해 주세요.

He has my phone number.

그는 제 전화번호를 알고 있어요.

How do you spell your name?

성함 철자가 무엇인가요?

It's M-A-R-Y.

M(엠)–A(에이)–R(알)–Y(와이)요.

전화를 끊을 때 MP3 2-11

I'll give him the message.

메시지를 전해 드리겠습니다.

Let me confirm your phone number.

전화번호를 확인할게요.

May I have your name again?

성함을 한 번 더 말씀해 주시겠어요?

I'll check into it and get back to you.

알아보고 연락드리겠습니다.

Thank you for calling.

전화해 주셔서 감사합니다.

Excuse me?

뭐라고 하셨어요?

Could you repeat that, please?

한 번 더 말씀해 주시겠어요?

I can't hear you very well.

잘 안 들리는데요.

You have the wrong number.

전화 잘못 거셨습니다.

I must have the wrong number.

제가 전화를 잘못 건 것 같습니다.

Could you speak up a little?

조금만 더 크게 말씀해 주시겠어요?

Could you speak a little more slowly?

좀 더 천천히 말씀해 주시겠습니까?

I have bad reception.

전화 연결 상태가 안 좋아요.

전화번호 읽는 방법

1. 숫자를 하나씩 읽는다.

   예) 02-1234-5678 읽는 방법: o-two(또는 zero-two),
   one-two-three-four, five-six-seven-eight

2. 같은 번호가 반복될 경우 double을 사용해서 읽는다.

   예) 1233 읽는 방법: one-two-double-three

3. 백이나 천 단위가 마지막에 올 경우에 hundred나
   thousand를 사용해서 읽는다.

   예) 2200 읽는 방법: twenty-two-hundred
   2000 읽는 방법: two-thousand

약속 잡기

MP3 2-13

I'd like to see you next Tuesday if you have time.

시간 있으시면 다음 주 화요일에 뵙고 싶습니다.

I'd like to discuss the details of our contract.

계약 상세 내용에 대해 의논하고 싶습니다.

I'm just calling to confirm my appointment tomorrow.

내일 약속을 확인하려고 전화드렸습니다.

일정 조정

MP3 2-14

When will be convenient for you?

언제가 편하세요?

What time would be good for you?

몇 시가 좋으세요?

What time would be convenient for you?

몇 시가 편하세요?

Do you have time next Monday?

다음 주 월요일에 시간 괜찮으세요?

How about tomorrow afternoon?

내일 오후는 어떠세요?

Let me check my schedule.
일정을 확인해 볼게요.

I can see you tomorrow afternoon.
내일 오후에 뵐 수 있어요.

I can make it sometime next week.
다음 주라면 괜찮아요.

원포인트 make it (시간에) 대다, 형편이 닿다

Any time except tomorrow would be fine.
내일만 아니면 언제든 좋습니다.

원포인트 except ~ ~ 외에는, ~을 제외하고는

I can't make it that day.
그날은 안 될 것 같습니다.

I already have something scheduled for that day.
그날은 선약이 있습니다.

I'm afraid I don't have time this week.
죄송합니다만 이번 주는 시간이 없어요.

My schedule's pretty tight next week.
다음 주는 스케줄이 다 차 있어요.

I prefer the morning.
오전이 더 좋습니다.

원포인트 prefer 선호하다

Any time in the morning would be fine.
오전 중이라면 몇 시든 상관없습니다.

Either day will be fine with me.

어느 날이든 상관없습니다.

원 포인트 either ~든. 어느 ~라도

Where shall we meet?

어디에서 만날까요?

Why don't we meet in the lobby at ABC Hotel?

ABC 호텔 로비에서 만날까요?

I'll come to your office.

제가 그쪽 사무실로 가겠습니다.

I'll be in your office around 11 tomorrow.

내일 11시경에 회사로 찾아 뵙겠습니다.

Could you come to our office?

저희 사무실로 와 주실 수 있으세요?

When you come to the reception desk, please call me on extension 123.

접수처에 오시면 내선 123번으로 전화 주십시오.

I'll be expecting you at 1 tomorrow.

내일 1시에 뵙는 걸로 알고 있겠습니다.

일정 변경

MP3 **2-15**

I'd like to change the day of my appointment with you.

약속 날짜를 변경하고 싶습니다.

Could I change my appointment to 1:30?
약속 시간을 1시 30분으로 변경해도 될까요?

Something urgent has come up.
급한 일이 생겼습니다.

방문객 응대 · 방문
MP3 2-16

Do you have an appointment with her?
약속하시고 오셨나요?

May I ask the purpose of your visit?
방문하신 용건을 여쭤봐도 될까요?

I have an appointment with Ms. Smith at 10 o'clock.
Smith 씨와 10시에 약속이 되어 있습니다.

We've been expecting you.
기다리고 있었습니다.

Mr. Yoon will be here shortly.
윤 씨가 곧 올 겁니다.

Thank you very much for coming.
와 주셔서 정말 감사드립니다.

Please go up to the third floor.
3층으로 가 주십시오.

This way, please.
이쪽으로 오세요.

After you.

먼저 가시죠.

원포인트 엘리베이터나 출입구 등에서 상대방을 먼저 안내할 때 사용합니다.

I'm sorry to have kept you waiting.

기다리게 해서 죄송합니다.

Please have a seat.

앉으세요.

What would you like to drink?

음료는 무엇으로 하시겠습니까?

Would you like some coffee?

커피 드시겠어요?

Did you find the way to our office easily?

사무실은 바로 찾으셨나요?

Here is your itinerary.

이건 일정표입니다.

I'll take you to the hotel.

호텔까지 안내해 드리겠습니다.

I'll pick you up around 9 a.m. tomorrow.

내일 오전 9시에 모시러 가겠습니다.

I'll be waiting for you in the hotel lobby at 6:30.

6시 30분에 호텔 로비에서 기다리겠습니다.

I'll take the aisle seat.

제가 통로 쪽 자리에 앉겠습니다.

Please take the window seat.

창가 자리에 앉으세요.

You can get some rest.

잠시 휴식을 취하세요.

접대 · 초대 MP3 2-17

I'd like to invite you to dinner tomorrow.

내일 저녁 식사에 초대하고 싶습니다.

Do you have any plans for tonight?

오늘 밤에 계획 있으신가요?

What kind of food would you like to try?

어떤 음식을 드시겠습니까?

Have you ever tried Japanese food?

일본 음식을 드셔 본 적 있으신가요?

What would you like to eat for lunch?

점심으로 뭘 드시겠어요?

Is there anything you can't eat?

못 드시는 음식이 있습니까?

Let's start with a beer.

맥주로 시작합시다.

I'll take care of the bill.

제가 내겠습니다.

원포인트 take care of ~ ~을 처리하다, 대응하다

회의 진행

MP3 **2-18**

May I have your attention, please?

자, 집중해 주시겠어요?

Today's agenda is about our new service.

오늘의 주제는 우리의 신규 서비스에 대한 것입니다.

Let's change the subject.

의제를 바꿉시다.

Let's go on to the next subject.

다음 의제로 넘어갑시다.

We'd like to talk about the next issue.

다음 안건에 대해 상의합시다.

Let's get back to the subject.

의제로 되돌아갑시다.

Do you have any questions so far?

여기까지 질문 있으신가요?

Let's go over what we've agreed on so far.

지금까지 합의한 내용을 검토해 봅시다.

Let's have a 15-minute break.

15분간 휴식을 취합시다.

Let's take a short break until 2:30.

2시 30분까지 잠깐 쉽시다.

Let's talk about it last.

그건 마지막에 이야기합시다.

Let's discuss the rest at the next meeting.

나머지는 다음 미팅에서 논의합시다.

Have we discussed everything?

다 논의된 건가요?

Are there any other things we have to discuss today?

오늘 더 논의해야 할 것이 있습니까?

Let's wrap up today's discussion.

오늘의 논의를 마치도록 하겠습니다.

Let's summarize today's discussion.

오늘 논의한 것을 요약해 봅시다.

Let's go over the action we need.

필요한 조치를 검토해 봅시다.

That's all for today.

오늘은 이것으로 마칩니다.

When shall we have our next meeting?

다음 미팅은 언제로 할까요?

The next meeting will be on Tuesday December 3.

다음 회의는 12월 3일 화요일입니다.

What about you?
당신은 어떠세요?

How about you?
당신은 어떠세요?

Let me share our ideas with you.
저희 생각을 공유해 드릴게요.

What's your opinion?
당신의 의견은 어떠신가요?

What's your view on this?
이것에 대한 당신의 견해는 무엇인가요?

What do you think of this proposal?
이 제안에 대해 어떻게 생각하세요?

What did you think of his presentation?
그의 프레젠테이션에 대해 어떻게 생각하셨어요?

Are there any other opinions?
다른 의견 있으세요?

Do you have anything to add?
추가하실 사항이 있으세요?

I'd like to make a comment on that.
그것에 대해 코멘트하고 싶습니다.

I'd like to add one more thing.
한 가지 더 추가하고 싶습니다.

May I interrupt you?

잠깐 실례해도 괜찮을까요?

Why do you think so?

왜 그렇게 생각하세요?

What are the pros and cons of this project?

이 프로젝트의 장점과 단점은 무엇인가요?

원포인트 pros and cons 장점과 단점

I believe that this strategy would work.

이 전략이 잘 될 것 같습니다.

원포인트 work 잘 되다, 기능을 하다

찬성하기

Exactly.

맞습니다. (강한 동의)

Absolutely.

그렇고말고요. (강한 동의)

Certainly.

그럼요.

I agree with you.

당신 의견에 동의해요.

I totally agree with you.

찬성이에요.

I basically agree with you.
기본적으로는 찬성합니다.

You're right.
당신 말이 맞아요.

That's right.
맞습니다.

I think so, too.
저도 그렇게 생각해요.

That's a good idea.
참 좋은 생각입니다.

I think that's a good idea.
좋은 생각인 것 같습니다.

That would be a good solution.
좋은 해결책이 될 거라고 생각합니다.

반대하기 MP3 **2-21**

I don't think so.
그렇게 생각하지 않습니다.

I don't agree.
반대합니다.

I have a different opinion.
저는 의견이 다릅니다.

I have a slightly different opinion.
제 생각은 조금 다릅니다.

I have a totally different opinion.

저는 전혀 다른 의견입니다.

That's a different issue.

그것은 다른 문제입니다.

The problem is the cost.

문제는 비용입니다.

모르는 것을 확인하기

MP3 **2-22**

Would you mind repeating that?

다시 한 번 말씀해 주시겠어요?

Could you repeat that, again?

한 번 더 말씀해 주시겠어요?

Could you elaborate on that?

그것에 관해 구체적으로 말씀해 주시겠습니까?

Could you explain that in more detail?

조금 더 구체적으로 설명해 주시겠습니까?

Could you say that in another way?

바꿔 말해 주실 수 있습니까?

What do you mean by that?

그건 무슨 뜻입니까?

What does "BCP" stand for?

BCP는 무엇의 약자입니까?

I'm not sure if I understand.

제가 확실히 이해했는지 모르겠습니다.

05 거래

문의 · 견적 MP3 2-23

We'd like to have some information about your products.

귀사 제품들에 대한 자료를 받고 싶습니다.

We'd like to know about your products.

귀사 제품들에 대해 알고 싶습니다.

We'd like to know more about the specifications of your Y-1.

귀사의 Y−1 사양에 대해 좀 더 자세하게 알고 싶어요.

We'd like to know more about your business.

귀사의 사업에 대해 좀 더 알고 싶습니다.

We're looking for a company to provide translation services.

통역 서비스를 제공할 회사를 찾고 있습니다.

Are you doing business in China?

귀사는 중국에서 사업을 하고 있습니까?

We'd like a quotation for 200 units of X.

X 200개에 해당하는 견적을 받고 싶습니다.

We need an estimate.

견적이 필요합니다.

Could you submit your quotation in a week?

일주일 내로 견적을 보내 주실 수 있나요?

Please include the shipping costs in your quote.

견적서에 운송료도 포함해 주십시오.

We'd like to pay in three installments.

세 번에 나누어 지불하고 싶습니다.

원포인트 pay in installments 분납하다

We'd like to confirm the details of the contract.

계약서의 세부 사항을 확인하고 싶습니다.

We'll send you a product sample by air.

항공편으로 샘플을 보내 드리겠습니다.

Do you have any XY-1 in stock?

XY-1 재고가 있나요?

We currently have 100 units in stock.

현재 재고가 100개 있습니다.

We're out of stock on that item.

그 제품은 현재 품절되었습니다.

The product is currently out of stock.

그 제품은 현재 재고가 없습니다.

We expect that product to come in around August 15.

그 제품은 8월 15일경에 입고될 예정입니다.

We no longer manufacture the product.

저희는 더 이상 그 제품을 제조하지 않습니다.

That model will be on the market next month.

그 모델은 다음 달에 출시될 예정입니다.

We'd like to see the actual color.

실제 색상을 좀 보고 싶습니다.

Do you have any color samples?

색상 샘플이 있습니까?

What kind of options do you have?

어떤 선택 사항들이 있습니까?

When is the launch of your new car?

신차 출시는 언제입니까?

What should we do to attend your seminar on July 18?

7월 18일 세미나에 참가하려면 어떻게 하면 됩니까?

What are your business hours?

귀사의 영업 시간은 어떻게 됩니까?

We can't access your website.

귀사의 웹 사이트에 접속이 안 됩니다.

I'll check it and get back to you.

확인하고 연락드리겠습니다.

판매 · 프로모션

MP3 2-24

Have you introduced an inventory management system yet?

귀사에는 벌써 재고 관리 시스템이 도입되어 있습니까?

Are you looking for a business partner?

사업 파트너를 찾고 계십니까?

We've already made a contract with a different supplier.

이미 다른 공급사와 계약을 체결했습니다.

We can give you a free sample.

무료 샘플을 드릴 수 있습니다.

You can try our service free for a month.

1개월간 무료로 저희 회사의 서비스를 이용해 보실 수 있습니다.

피드백 요청 MP3 2-25

Have you had a chance to look over our information packet?

저희 회사의 자료를 살펴보셨나요?

Have you had a chance to discuss our offer?

저희 회사의 제안에 대해 검토해 보셨나요?

Have you tried the sample of our new product?

저희 회사의 신제품 샘플을 사용해 보셨습니까?

상품 설명 MP3 2-26

This is our new model.

이건 저희 최신 모델입니다.

Here is a basic plan.

기본 계획은 이렇습니다.

This is our best-selling product.

이것이 저희 회사에서 가장 잘 팔리는 상품입니다.

This model is very popular with the younger generation.

이 모델은 젊은 세대에게 아주 인기가 있습니다.

This is made of plastic.

이것은 플라스틱으로 만들어졌습니다.

One of the distinctive features is its durability.

제품의 두드러지는 특징 중 하나는 내구성입니다.

The most distinctive feature is that it's "easily operated."

가장 두드러지는 특징은 '손쉬운 사용'입니다.

We recommend this model for your company.

귀사에는 이 모델을 추천해 드립니다.

We'd recommend type A.

A 타입을 권해 드립니다.

There are a lot of differences between our service and theirs.

저희 회사의 서비스와 그들의 서비스에는 많은 차이점이 있습니다.

There are some similarities between our service and theirs.

저희 회사의 서비스와 그들의 서비스에는 몇 가지 유사점이 있습니다.

Our specs are slightly different from others.

우리 사양은 다른 것들과 약간 다릅니다.

원포인트 specs 사양(specifications의 생략형)

I'd like to hear your offer.

귀사의 제안을 듣고 싶습니다.

May I ask your opinion on this offer?

이 제안에 대한 의견을 물어도 되겠습니까?

What do you think about this offer?

이 제안에 대해 어떻게 생각하십니까?

【가격 협상】

We'd like to negotiate the price.

가격을 협상하고 싶습니다.

What's your opinion regarding the price?

가격에 관한 당신의 의견은 어떻습니까?

We haven't agreed on the price.

가격에 대해서는 합의를 보지 못했습니다.

Could you give us a better price?

가격을 내려 주실 수 있습니까?

Could you reduce the price?

가격을 깎아 주실 수 있나요?

Could you reduce the current price by 10%?

현재 가격보다 10% 할인해 주실 수 있습니까?

We can offer you a 10% discount.

10% 할인해 드릴 수 있습니다.

We can offer a 20% discount on the price until the end of this month.

이달 말까지 가격을 20% 할인해 드릴 수 있습니다.

How about $500 per unit?

개당 500달러는 어떠세요?

We can offer a special price.

특별가로 드리겠습니다.

This is the best price we can offer.

이 가격이 최저가입니다.

Do you offer a volume discount?

수량에 따른 할인이 있습니까?

We offer a volume discount for 500 or more.

500개 이상이면 수량 할인해 드립니다.

What's the wholesale price?

도매가는 얼마입니까?

원포인트 wholesale price 도매가 ⇔ retail price 소매가

Is tax included?

세금 포함인가요?

Does this price include tax?

세금이 포함된 가격인가요?

Consumption tax isn't included in the above price.

소비세는 상기 가격에 포함되어 있지 않습니다.

원포인트 consumption tax 소비세

We'll take care of the shipping fees.

배송료는 저희 쪽에서 부담하겠습니다.

The price of that item has been revised.

그 상품의 가격은 변경되었습니다.

【납품일 관련 협의】

When is the delivery date?

납품일은 언제입니까?

원포인트 delivery date 납품일

How long will it take to deliver our order?

저희 주문에 대한 납품은 얼마나 걸릴까요?

We'll deliver your order in 2 weeks.

2주 안에 납품해 드리겠습니다.

Could you move up the delivery schedule?

납품 일정을 앞당길 수 있습니까?

Could you advance your current schedule?

현재의 일정을 앞당길 수 있습니까?

Could you move up the delivery date?

납품일을 앞당길 수 있습니까?

Could you advance the shipping date?

출하 날짜를 앞당길 수 있습니까?

Could you deliver it by the end of the month?

이달 말까지 납품할 수 있습니까?

We can deliver it by the end of next month.

다음 달 말까지 납품할 수 있습니다.

We can't deliver it by the end of next month.

다음 달 말까지는 납품할 수 없습니다.

【지불에 대한 협의】

Can we pay in installments?

할부로 지불할 수 있습니까?

You can pay by credit card.

신용카드로 지불 가능합니다.

How would you prefer to make payment?

지불은 어떻게 하시겠습니까?

【기타 협상】

Could you submit the inspection data?

점검 자료를 제출해 주시겠습니까?

What do you do for quality control?

품질 관리는 어떻게 하시나요?

Can you produce samples?

샘플을 제작할 수 있습니까?

Can you send them by air?

항공편으로 보내 주시겠습니까?

What's the minimum order quantity?

최소 주문량은 몇 개입니까?

결정권

MP3 **2-28**

Who makes the final decision?

최종 결정은 누가 하십니까?

Who's the final decision maker on this issue?

이 건에 대한 최종 결정자는 어느 분입니까?

Who has final approval for that issue?

그 건에 대해서 어느 분이 최종 승인을 하십니까?

I'm not in a position to decide.

저는 결정할 수 있는 직위가 아닙니다.

I have to ask my boss.

상사에게 문의해 봐야 합니다.

발주 · 수주

MP3 2-29

【발주】

We'd like to accept your offer.

제안을 받아들이겠습니다.

We'd like to place an order.

발주하겠습니다.

Please confirm our order.

주문을 확인해 주십시오.

Please acknowledge our order.

주문을 확인해 주십시오.

We've decided that we'd like to do business with you.

귀사와 거래하기로 결정했습니다.

We have to place an additional order.

추가 주문을 해야 합니다.

【수주】

The total comes to $6,500.

총 6,500달러입니다.

We'll ship the order as soon as we confirm your payment.

입금을 확인하는 대로 상품을 출하하겠습니다.

원포인트 as soon as ~ ~하자마자

You can track your order on our website.

저희 웹 사이트에서 주문 내역을 보실 수 있습니다.

협상 결렬   MP3 **2-30**

We can't meet your expectations.

귀사의 요구에 맞춰 드리기 어렵습니다.

I'm afraid that we can't accept your offer.

죄송하지만 귀사의 제안을 받아들일 수 없습니다.

We can't accept your offer because the price is too high.

가격이 너무 비싸서 귀사의 제안을 받아들일 수 없습니다.

계약   MP3 **2-31**

What are the terms and conditions?

계약 조건이 어떻게 됩니까?

Can we negotiate the terms and conditions?

계약 조건을 협상할 수 있습니까?

We'd like to negotiate the contract.

계약을 협상하고 싶습니다.

This is the standard contract.

이것은 표준 계약입니다.

This is the one-year contract.

이것은 1년 계약입니다.

We prefer a short-term contract.

단기 계약이면 더 좋겠습니다.

원포인트 short-term 단기의 ⇔ long-term 장기의

We'd like to renew the contract.

계약을 갱신하고 싶습니다.

Our contract will expire next month.

다음 달에 계약이 만료됩니다.

Our contract will terminate at the end of this month.

이달 말에 계약이 끝납니다.

We need to revise the contract.

계약을 수정할 필요가 있습니다.

We agreed on the terms and conditions.

우리는 계약 조건에 대해 합의했습니다.

클레임을 말하기

We received the wrong products.
잘못된 제품들을 받았습니다.

We didn't order item No. 250.
품번 250은 주문하지 않았습니다.

Your delivery is overdue.
배송일이 지났습니다.

We haven't received the product we ordered last week.
지난주에 주문한 제품을 아직 못 받았습니다.

We haven't received our order number 1506 yet.
주문번호 1506을 아직 못 받았습니다.

We were supposed to receive the product by September 20.
9월 20일까지 납품을 받기로 되어 있었습니다.

It's been a month since we ordered it.
주문한 지 한 달이 지났습니다.

Could you look into this matter?
이 건을 알아봐 주실래요?

Some are badly damaged.

일부가 심하게 파손되었습니다.

We received an incorrect invoice.

잘못된 청구서가 왔습니다.

The invoice amount is not correct.

청구서 금액이 잘못됐습니다.

Please send us a correct invoice.

올바른 청구서를 보내 주세요.

We're not satisfied with the quality of your products.

귀사의 제품 품질에 만족할 수 없습니다.

Please ship the replacements as soon as possible.

가능한 한 빨리 대체품을 출하해 주세요.

원 포인트 as soon as possible 가능한 한 빨리

사과하기

MP3 2-33

We sent you the wrong product by mistake.

실수로 다른 제품을 보내 드렸습니다.

We'll ship the replacement immediately.

대체품을 바로 보내 드리겠습니다.

Your order was shipped today.

주문하신 물품은 오늘 발송되었습니다.

We'll check into it, and get back to you as soon as possible.

저희가 확인하고 가능한 한 빨리 연락드리겠습니다.

We're investigating order number 4038 at the moment.

주문번호 4038에 대해 현재 조사 중입니다.

We have to investigate the cause.

원인을 조사해 봐야 합니다.

We apologize for any inconvenience this delay has caused.

납품 지연으로 인해 불편을 드려 죄송합니다.

We have to apologize for our billing error.

청구 금액 오류에 대해 사과드립니다.

Thank you for your patience.

오랫동안 기다려 주셔서 감사합니다.

Thank you for your understanding.

이해해 주셔서 감사드립니다.

07 길 안내

Take Line number 2.
2호선을 타세요.

Transfer to Line number 4 at Seoul Station.
서울역에서 4호선으로 갈아타세요.

Where should I change trains?
어디에서 열차를 갈아타면 되나요?

You have to change trains at Seoul Station.
서울역에서 열차를 갈아타야 합니다.

You have to take a local train.
완행열차를 타야 합니다.

Take the bus bound for Samsung Station.
삼성역으로 가는 버스를 타세요.

Get off at the third stop.
세 번째 역에서 내리세요.

Please take exit 3.
3번 출구로 나가세요.

Go straight along the street.
길을 따라 직진하세요.

Cross the street, and you'll find a convenience store.
길을 건너면 편의점이 보이실 겁니다.

Turn right at the post office.

우체국에서 우회전하세요.

It's the third building from the corner.

모퉁이에서 세 번째 건물입니다.

It's next to a coffee shop.

커피숍 옆입니다.

Could you tell me how to get to your office?

사무실에 어떻게 가면 되나요?

Where is the nearest station?

가장 가까운 역이 어디예요?

The nearest station is the Grand Park.

가장 가까운 역은 대공원이에요.

How far is it from Incheon Station to your office?

인천역에서 사무실까지 얼마나 걸리나요?

It takes about 5 minutes from the station on foot.

역에서 걸어서 약 5분입니다.

Is there anything around your office?

사무실 근처에 뭐가 있습니까?

There is a bank in front of the office.

사무실 앞에 은행이 있습니다.

When you find a yellow building on your right, turn to the right.

우측에 노란색 건물이 보이면 우회전하십시오.

프레젠테이션

영어 프레젠테이션은 기본적으로 다음 3가지 요소로 구성됩니다.

(1) 도입(opening)
(2) 본론(body)
(3) 결론(closing)

도입에서는 자신이 어떤 것을 전달하고 싶은지를 말하고, 본론에서는 전달하고자 하는 내용에 대해 말합니다. 그리고 마지막으로 결론에서 자신이 전달하고 싶었던 것을 정리합니다. 알아주었으면 하는 포인트는 처음에 언급하도록 합시다.
슬라이드 작성 포인트나 주의 사항에 대해서는 128쪽의 '프레젠테이션 슬라이드 작성 포인트'를 참조하시기 바랍니다.

도입(opening)

 ① 인사와 감사의 말

▼ ② 도입: 프레젠테이션의 목적이나 배경

▼ ③ 개요: 프레젠테이션의 개요나 전체적 흐름

본론(body)

▼

결론(closing)

① 정리
② 감사 인사
③ 질의응답

Good morning, everyone.

여러분, 안녕하세요. (아침)

Good morning, ladies and gentlemen.

여러분, 안녕하세요. (아침)

Good afternoon, everyone.

여러분, 안녕하세요. (오후)

Good evening, everyone.

여러분, 안녕하세요. (저녁)

Thank you for waiting.

기다려 주셔서 감사합니다.

I'd like to get started.

시작하도록 하겠습니다.

Shall we get started?

시작할까요?

I'd like to start my presentation.

프레젠테이션을 시작하겠습니다.

Thank you for your time today.

오늘 시간을 내 주셔서 감사합니다.

Thank you for taking time out of your busy schedule.

바쁘신데 이렇게 시간을 내 주셔서 감사합니다.

We'd like to thank you for your time.

시간을 내 주셔서 감사합니다.

Thank you for giving me this chance to make a presentation.

프레젠테이션을 할 기회를 주셔서 감사드립니다.

I'm very glad to be here today.

오늘 이곳에 참석하게 되어 매우 기쁩니다.

I appreciate the opportunity to make a presentation today.

오늘 프레젠테이션을 할 기회를 주셔서 감사드립니다.

It's a pleasure to introduce our service.

저희 서비스를 소개할 수 있어서 영광입니다.

※자기소개나 회사 소개에 대해서는 58쪽의 1. 인사·소개를 참조해 주세요.

프레젠테이션 시작

MP3 2-36

【프레젠테이션의 목적 말하기】

I'm here today to introduce our new service.

오늘 저희 신규 서비스에 대해 소개하도록 하겠습니다.

The purpose of my presentation today is to talk about our new product.

오늘 프레젠테이션의 목적은 저희 신상품에 대해 말씀드리는 것입니다.

Today's presentation is about supply chain management.

오늘 프레젠테이션은 공급망 관리에 대한 내용입니다.

In my presentation today, I'd like to talk about our new service.

오늘 프레젠테이션에서는 저희 신규 서비스에 대해 말씀드리고자 합니다.

I'm going to talk about food safety today.

오늘은 식품 안전에 대해 말씀드리겠습니다.

The theme of my presentation is "sustainability."

제 프레젠테이션의 주제는 '지속 가능성'입니다.

By the end of my presentation, I hope you'll find our solution can perfectly satisfy your needs.

프레젠테이션이 끝날 즈음에는 저희 솔루션이 귀사의 요구를 완벽히 만족시켜 드릴 수 있다는 것을 알게 되시기를 바랍니다.

By the end of my presentation, I hope you'll understand the global trend.

프레젠테이션이 끝날 즈음에는 세계 동향을 파악하실 수 있기를 바랍니다.

【프레젠테이션의 흐름이나 소요 시간에 대해 말하기】

I've divided my presentation into two main parts.

크게 두 부분으로 나누어 말씀드리겠습니다.

First, I'd like to outline our company.

우선 저희 회사의 개요를 설명하겠습니다.

First of all, I'd like to share with you the current market status.

우선 시장 현황에 대해 설명드리려고 합니다.

First of all, I'd like to show you the results of the market research.

우선 시장조사 결과를 보여 드리고 싶습니다.

Then, I'll explain our sales strategy.

다음으로 저희 영업 전략에 대해 설명하겠습니다.

Finally, I'll introduce you to our new service.

마지막으로 저희 신규 서비스를 소개하겠습니다.

My presentation will take about an hour.

프레젠테이션은 1시간 정도 걸릴 것입니다.

I'll be speaking for about an hour.

약 1시간 동안 말씀드리겠습니다.

I'll try to answer all of your questions after the presentation.

프레젠테이션이 끝난 후에 모든 질문에 답하도록 하겠습니다.

I'd appreciate it if you could save your questions until the end.

질문은 마지막에 해 주시면 감사하겠습니다.

Please hold your questions until the end.

질문은 마지막에 해 주시기 바랍니다.

Please interrupt me at any time if you have any questions.

궁금한 점이 있으시면 언제든지 질문해 주십시오.

【프레젠테이션 시작하기】

I'll begin with a brief outline of our company.

회사 개요부터 간단히 설명하겠습니다.

I'll begin by explaining our company outline.

회사 개요부터 설명하면서 시작하겠습니다.

I'm going to start with our company overview.

회사 개요부터 시작하도록 하겠습니다.

I'll start with the market trend.
시장 동향부터 말씀드리겠습니다.

I'll give you a brief outline of our company.
저희 회사 개요를 간단히 설명하겠습니다.

Let me briefly explain our company first.
먼저 저희 회사를 간단히 설명해 드리겠습니다.

Let me talk about our company before introducing our new service.
신규 서비스를 소개하기 전에, 저희 회사에 대해 말씀드리겠습니다.

Let me begin by introducing our product line.
저희 제품 안내부터 시작하겠습니다.

First, we will review the sales results in 2014.
우선 2014년 매출 결과를 검토하겠습니다.

I'll briefly run through our project overview.
우리 프로젝트 개요에 대하여 간단히 살펴보겠습니다.

원포인트 run through ~ ~을 대충 훑어보다

Please refer to our company brochure regarding the details.
세부 사항에 대해서는 회사 안내서를 참조해 주십시오.

Now, let's move on to today's agenda.
그럼 오늘의 의제로 넘어가겠습니다.

【추가적으로 언급할 항목에 대해 논하기】

I'd also like to mention the background.
배경에 대해서도 언급하고 싶습니다.

We'd like to provide the local data as well as the global data.

해외 자료뿐 아니라 국내 자료도 제공하고 싶습니다.

원포인트 B as well as A　A뿐만 아니라 B도

I'd like to report on the sales results of the first half.

상반기 매출 결과에 대해서 보고드리겠습니다.

I'll mention security issues as well if I have time.

시간이 있으면 보안 문제에 대해서도 언급하겠습니다.

원포인트 ~ as well　~도, ~ 역시

설명하기

MP3 2-37

I'd like to explain the current status.

현재 상태를 설명하겠습니다.

Let me talk about the features of the product.

제품의 특징에 대해 말씀드리겠습니다.

I'm going to explain the specifications of this product.

이 제품의 사양을 설명하겠습니다.

원포인트 specifications　사양(주로 복수형 표기)

Let me explain the background first.

먼저 배경부터 설명하겠습니다.

I'll briefly explain the background.

배경에 대해 간단히 설명하겠습니다.

I'll give you a quick overview of this industry.

이 업계에 대한 개요를 빠르게 말씀드리겠습니다.

Let me give you some examples.

몇 가지 사례를 소개하겠습니다.

Let's look at another case.

다른 사례를 살펴봅시다.

We're going to look at our industry forecasting.

우리 업계 동향 예측을 살펴보겠습니다.

Let's look at the changes in consumer awareness.

소비자 인식 변화에 대해 살펴봅시다.

I'd like to focus on the cost-benefit performance.

비용 대비 효과에 주목하고자 합니다.

I'd like to focus on the gap between these two.

이 둘 사이의 차이에 주목하고자 합니다.

화제 바꾸기

MP3 2-38

Let's move on to the next subject.

다음 의제로 넘어갑시다.

Let's move on to the next topic.

다음 주제로 넘어갑시다.

Let's move on to another issue.

다른 문제로 넘어갑시다.

Let's move on to the human rights issue.

인권 문제로 넘어갑시다.

I'd like to explain the details later.

세부 사항은 나중에 설명하겠습니다.

Let me turn to the next pages.

다음 페이지로 넘어가겠습니다.

Please look at the next slide.

다음 슬라이드를 봐 주십시오.

Now let's go on to the next figure.

그럼 다음 도표로 넘어갑시다.

Please turn to page 7.

7페이지를 펴 주세요.

Next, I'd like to talk about new product features.

다음으로 신상품의 특징에 대해 말씀드리겠습니다.

The next few slides will tell you about the product features.

다음 몇 장의 슬라이드는 제품의 특징에 관한 설명입니다.

Let me go back to the main issue.

본 주제로 돌아가겠습니다.

Let's get back to the main topic.

주제로 돌아갑시다.

I'll skip this slide.

이 슬라이드는 넘어가겠습니다.

We've looked at the results of the consumer confidence survey.

소비자 신뢰 조사 결과를 살펴보았습니다.

If you don't have any questions, may I go on to the next stage?

질문이 없으면 다음으로 넘어가도 되겠습니까?

That's all I have to say about the local trend.

국내 동향에 대해서는 이상입니다.

문제 제기하기 · 관심 끌기

MP3 2-39

The problem is the production capacity.

문제는 생산 능력입니다.

What we'd like to tell you here is the importance of risk management.

저희가 말씀드리고 싶은 것은 위험 요소 관리의 중요성입니다.

Have you heard of "BOP business"?

'BOP 비즈니스'에 대해서 들어 보신 적이 있나요?

Has anyone heard of "BOP business"?

'BOP 비즈니스'에 대해서 들어 보신 분 계십니까?

Did you know that you could utilize subsidies?

보조금을 활용할 수 있다는 것을 알고 계십니까?

I'm going to show you some interesting data.

몇 가지 흥미로운 자료를 보여 드리겠습니다.

How about the younger generation?

젊은 세대는 어떨까요?

So what has changed?

그럼 뭐가 달라진 걸까요?

I'd like to draw your attention to the Chinese market.

중국 시장에 주목해 주시기 바랍니다.

Our concern is "productivity."

저희의 관심사는 '생산성'입니다.

I assume that you'd like to know the advantages and disadvantages of our service.

저희 서비스의 장단점을 궁금해 하실 것 같습니다.

참조하기   MP3 **2-40**

Please take a look at the bottom.

가장 아래쪽을 봐 주십시오.

Please take a look at the case studies.

사례 연구를 봐 주십시오.

Please refer to the handout.

유인물을 참고해 주십시오.

원 포인트 handout 유인물

인용하기   MP3 **2-41**

According to the Ministry of Trade, Industry and Energy,

산업통상자원부에 따르면,

According to the survey in 2014,

2014년 조사에 따르면,

According to the latest survey,

최신 조사에 따르면,

비교하기 MP3 **2-42**

Compared with our competitors,

경쟁사와 비교하면,

Compared with the younger generation,

젊은 세대와 비교하면,

If you compare the current period to the previous period,

당기와 전기를 비교하면,

Contrary to the previous year,

전년에 반하여,

Contrary to our prediction,

우리의 예측과는 반대로,

사실 말하기 MP3 **2-43**

The sales results were beyond our expectations.

매출 실적은 예상을 웃돌았습니다.

원포인트 beyond의 앞에 far를 사용하면 '매우 상회했다'라는 표현이 됩니다.

Our sales results in 2015 were above our expectations.

2015년의 매출 결과는 예상을 웃도는 것이었습니다.

The sales results were below our expectations.

매출 실적은 예상을 밑돌았습니다.

The market is slow.

경기가 좋지 않습니다.

이유나 근거 대기 MP3 2-44

There is evidence.

증거가 있습니다.

There is data.

자료가 있습니다.

There are two reasons for this.

이에는 두 가지 이유가 있습니다.

The figure is based on the research report by X Inc.

이 수치는 주식회사 X의 조사 보고서에 기반을 두고 있습니다.

예시 들기 MP3 2-45

Let me give you some examples.

몇 가지 사례를 소개하겠습니다.

I'd like to show you the case of ABC.

ABC 사의 사례를 보여 드리고자 합니다.

For example, please look at Figure 1.

예를 들어 그림 1을 봐 주십시오.

For instance, I'll introduce the situation in the U.S.

예시로 미국 상황을 소개하겠습니다.

I'll show you another example on the next page.

다음 페이지에서 다른 사례를 보여 드리겠습니다.

A good example is XY Inc.

주식회사 XY가 좋은 예입니다.

도표 설명하기 MP3 2-46

Please take a look at Figure 1.

그림 1을 봐 주십시오.

Let's take a look at this table.

이 표를 봐 주십시오.

Let's look at the survey results.

조사 결과를 살펴봅시다.

Please refer to page 20.

20페이지를 참조해 주십시오.

The experimental results are shown in Figure 1.

실험 결과는 그림 1에 나와 있습니다.

I'll explain our printing service with a flow chart.

당사의 인쇄 서비스를 순서도로 설명해 드리겠습니다.

When you look at the following data, you'll find the trend.

다음 자료를 보시면 경향을 파악하실 수 있을 겁니다.

This figure shows our competitor's sales growth.

이 수치는 경쟁사의 매출 성장을 보여 줍니다.

This graph shows a comparison with our competitors.

이 그래프는 경쟁사들과의 비교를 보여 줍니다.

【표를 보는 방법에 대해 설명하기】

The vertical line represents a number of the companies.

세로축은 기업의 수를 나타냅니다.

The horizontal line represents time.

가로축은 시간을 나타냅니다.

The solid line is our performance this year.

실선은 올해 실적입니다.

The segment in orange shows our market share.

주황색 부분은 저희 회사의 시장 점유율을 나타냅니다.

The figure in blue represents the target for next year.

파란색 수치는 내년 목표입니다.

Our revenue has reached 100 million dollars.

당사의 수익이 1억 달러에 달했습니다.

Our revenue increased 20%.

당사의 수익은 20% 증가했습니다.

We achieved a double-digit increase last year.

작년에는 두 자릿수 증가를 달성했습니다.

원포인트 double-digit 두 자릿수의

Sales in Korea grew approximately 10% to 5 million dollars.

한국에서의 매출은 약 10% 늘어난 500만 달러였습니다.

Sales of XY bottomed at this point.

XY 사의 매출은 이 시점에서 바닥을 쳤습니다.

Sales of XY reached a peak in 2005.

XY 사의 매출은 2005년에 정점에 달했습니다.

【도표가 나타내는 의미에 대해 논하기】

As this figure indicates, our sales have increased.

이 수치가 나타내는 바와 같이 당사의 매출은 증가했습니다.

It means that one-third is considering investing.

이는 1/3이 투자를 고려하고 있다는 것을 의미합니다.

That means the market has already matured.

시장이 이미 성숙된 상태라는 뜻입니다.

As you can see, our revenue increased by 10%.

보시는 바와 같이 저희 수익은 10% 증가했습니다.

Our revenue has increased steadily.

저희 수익은 꾸준히 증가하고 있습니다.

Our revenue has been stagnant.

저희 수익은 침체되어 있습니다.

Our revenue has increased at least 8% annually.

저희 수익은 매년 적어도 8%씩 증가했습니다.

We grew 10% a year.

저희는 한 해에 10% 성장했습니다.

Our productivity has improved 15%.

저희의 생산성은 15% 향상되었습니다.

The figure indicates a product life cycle.

그 도표는 제품 수명 주기를 나타냅니다.

The result of the survey implies an increase in buying motivation.

조사 결과는 구매 의욕 상승을 암시하고 있습니다.

Sales have remained stable for 6 months.

매출은 6개월간 안정적으로 유지되고 있습니다.

There is a proportional relationship between A and B.

A와 B는 비례 관계에 있습니다.

정리하기 MP3 2-47

I'd like to sum up now.

그럼 마치도록 하겠습니다.

I'll summarize my presentation.

프레젠테이션을 요약해 보겠습니다.

In conclusion, I'd like to say that you need to enhance a good relationship with your client.

결론적으로 고객과의 좋은 관계를 강화하는 것이 필요하다고 말씀드리고 싶습니다.

I'm sure our services offer tremendous benefits to you.

저희 서비스가 여러분께 큰 이익을 드릴 것이라고 확신합니다.

질의응답
MP3 2-48

【질문 받기】

We have 15 minutes for Q & A.

15분간 질의응답 시간을 갖겠습니다.

Are there any questions?

혹시 질문 있으신가요?

Are there any further questions?

다른 질문 더 있으신가요?

Do you have any questions at this point?

여기까지 질문 있으신가요?

Your questions are welcome.

질문 환영합니다.

【질문에 대해 논하기】

That's a very good question.

아주 좋은 질문입니다.

That's a very good point.

아주 좋은 지적입니다.

That's a difficult question to answer.

대답하기 어려운 질문이네요.

【되묻기】

I'm sorry, but I couldn't catch what you said.

죄송하지만 못 알아들었습니다.

Could you say that again, please?

한 번 더 말씀해 주시겠어요?

Could you repeat that, please?

다시 한 번 말씀해 주시겠어요?

【답변하기】

Does that answer your question?

질문에 대한 답이 되었나요?

Did I answer your question?

제 답변이 도움이 되었나요?

I'm sorry, but I have no idea about that.

죄송하지만, 그 건에 대해서는 전혀 모릅니다.

I'm sorry, but I don't have that data.

죄송하지만, 그 자료는 가지고 있지 않습니다.

Let me talk to you individually.

개별적으로 말씀드리겠습니다.

I'll get back to you later.

나중에 말씀드릴게요.

If there are no further questions, I'll finish my presentation.

더 이상 질문이 없으시다면, 프레젠테이션을 마치도록 하겠습니다.

If you have any questions, please feel free to contact us.

궁금하신 내용이 있으면 저희에게 편하게 문의해 주십시오.

If you need further information, please let me know.

정보가 더 필요하시면 알려 주십시오.

If you have any questions, please feel free to e-mail the address on the last page of the handout.

궁금하신 점이 있으시면 유인물 마지막 페이지에 있는 주소로 편하게 메일 보내 주세요.

Thank you for your attention.

경청해 주셔서 감사합니다.

Thank you for paying attention.

경청해 주셔서 감사합니다.

Thank you for listening.

들어 주셔서 감사합니다.

I really appreciate your time.

시간을 내 주셔서 정말 감사합니다.

【문제에 대한 대응】

My computer froze.

컴퓨터가 멈춰 버렸어요.

I'll restart my computer.

컴퓨터를 다시 켜겠습니다.

There is something wrong with the microphone.

마이크 상태가 안 좋아요.

프레젠테이션 슬라이드 작성 포인트

프레젠테이션 슬라이드를 작성할 때의 포인트와 주의 사항을 소개합니다.

- 긴 문장 만들지 않기

  세세한 내용은 구두로 설명하도록 하고, 슬라이드에는 포인트만 기재해서 시각적으로 바로 이해할 수 있는 내용으로 만듭니다.

- 한 슬라이드에 여러 요소나 내용 넣지 않기

  한 장의 슬라이드에는 하나의 테마에 대해서만 기재하고 많은 요소를 담지 않습니다.

- 문장을 맞추기

  무언가를 열거할 때는 같은 품사나 형태로 나열합니다. 항목별로 쓸 경우에는 제일 앞에 나오는 품사를 통일합니다. (가령, 첫 번째 시작을 동사로 했다면 두 번째 이후의 시작도 모두 동사로 함)

- 중요도순으로 나열하기

  항목별로 나열할 경우에는, 강조하고 싶은 것이나 우선순위가 높은 것부터 순서대로 기재합니다.

- 부정적인 표현은 피하기

  부정적인 인상을 주는 단어나 표현은 될 수 있으면 긍정적인 인상을 주는 단어나 표현으로 바꿉시다.

  예 problem(문제) → challenge(과제)

- 간결하면서도 알기 쉬운 단어·표현 사용하기

어렵고 딱딱한 단어나 표현은 지양하고, 가능한 한 간결하고 짧은 표현을 사용하도록 노력합시다.

업계 용어나 전문 용어를 사용할 때는 정의를 달아 주거나 설명을 추가합니다. 약어를 사용하는 것도 주의가 필요합니다.

- 포인트가 되는 단어를 주어로 하기

포인트가 되는 단어를 주어로 하여 문장을 작성하면, 청중에게 요점이 잘 전달됩니다. 또한 능동태 문장은 수동태보다도 직접적이고 간결하여 듣는 사람이 이해하기 좋으며, 메시지를 힘 있게 전달할 수 있습니다.

- 보기 좋은 폰트 사이즈와 종류, 색으로 설정하기

보기 좋은 폰트 종류와 사이즈를 선택합시다. 폰트 종류로는 Arial이나 Century를 추천합니다. 제목은 24포인트 정도, 텍스트 부분은 적어도 14포인트 이상의 폰트 사이즈로 설정하는 것을 권장합니다(될 수 있으면 16~18포인트가 이상적입니다).

또한 색상은 프로젝터에 비춰지는 것을 고려하여 배열합니다. 너무 흐린 색이나 형광색은 보기 불편하므로 주의합시다.

- 도표를 효과적으로 활용하기

시각적으로 바로 이해하기에는 도표가 가장 효과적입니다. 특히 어떠한 자료를 제시할 경우에 숫자나 문자만 나열하면 이해하는 데 시간이 걸리지만, 그 자료를 바탕으로 해서 그래프를 만들면 수치 등을 한눈에 알 수 있습니다.

슬라이드 타이틀 만드는 방법

청중은 타이틀을 보고 그 슬라이드의 내용을 판단합니다. 이를 고려하여 타이틀은 그 슬라이드의 내용을 알 수 있는 것으로 작성해야 합니다.

타이틀을 다는 방법에 대해 엄밀히 규정된 것은 없지만, 전치사를 제외한 각 단어의 첫 글자는 대부분 대문자로 합니다. Sales Strategy와 같이 단어의 첫 글자를 대문자로 하고, Action Plan in Q3이나 Features of Product A처럼 in이나 of 등의 전치사와 a나 the 같은 관사는 소문자로 합니다.

타이틀 예

- Agenda   의제, 어젠다
- Company Outline   회사 개요
- Product Line   제품 일람
- Market Share   시장 점유율
- Sales Target   매출 목표
- Sales Result   매출 결과
- Market Analysis   시장 분석
- SWOT Analysis   SWOT 분석
- Challenges   과제
- Strategy(Strategies)   전략
- Conclusion   결론
- Change in(of) ~   ~의 변화

프레젠테이션에서 자주 사용하는 표현

흐름을 설명하거나 다음 화제로 넘어갈 때 사용하는 표현

• First,	처음으로, 첫째로
• First of all,	우선,
• Second,	둘째로,
• Next,	다음으로,
• Then,	그리고,
• Finally,	마지막으로,
• Now,	그럼, 이제,
• Well,	그럼,

무언가를 추가할 때 사용하는 표현

• Besides,	게다가,
• Moreover,	더욱이,
• In addition,	더구나,
• Also,	또한,
• At the same time,	동시에,
• For your reference,	참고로,

반대인 것을 논할 때 사용하는 표현

• However,	그렇지만,
• On the other hand,	반면에,

사례를 설명할 때 사용하는 표현

- For example,   예를 들면.
- For instance,   예를 들면.

바꿔 말할 때 사용하는 표현

- In other words,   다시 말해서.
- In short,   요컨대.

연결 표현

- Well,   자.
- Anyway,   어쨌든.
- By the way,   그런데.
- As you already know,   이미 아시는 바와 같이.
- As you can see,   보시는 바와 같이.
- As shown here,   여기에 표시된 것처럼.
- In fact,   사실, 사실상.
- Actually,   실제로, 사실.
- As a result,   결과적으로.
- In this case,   이 경우에.
- As far as I know,   제가 알기로는.
- From my point of view,   개인적으로는, 개인적인 견해로는.
- So far,   지금까지는.
- Overall,   전체적으로.
- Frankly speaking,   솔직히 말씀드리면.
- To be honest,   솔직히 말씀드리면.

시간을 나타내는 표현

· at this stage	이 단계에서는
· at the moment	현재
· recently	최근에
· lately	최근에
· these days	요즘에
· at that time	당시에는
· in the past	과거에는
· in the future	향후, 장차
· as of today	오늘부로
· as of April 1, 2016	2016년 4월 1일부로

근황에 대해 말하기

MP3 **2-50**

How're you doing?
어떻게 지내세요?

How have you been?
어떻게 지내셨어요?

Are you busy?
바쁘세요?

How's work?
일은 어떠세요?

How was your weekend?
주말은 어땠어요?

Did you have a nice weekend?
주말 잘 보내셨어요?

How was your vacation?
휴가는 어땠어요?

I've been busy since last Monday.
지난주 월요일 이후로 계속 바빴어요.

I've been very busy recently.
요즘 아주 바빠요.

I've been traveling a lot.

요즘 계속 출장이에요.

Where did you take a business trip to?

출장은 어디로 가셨어요?

How was your business trip to Taiwan?

대만 출장은 어떠셨어요?

How often do you make business trips in a month?

한 달에 얼마나 자주 출장 가세요?

I'm stressed out.

스트레스를 많이 받아요.

I have a hangover.

술이 안 깼어요.

I have a cold.

감기에 걸렸어요.

I was involved in a train accident this morning.

오늘 아침에 기차 사고를 당했어요.

Why don't we go for a drink?

술 한잔하러 갈까요?

날씨에 대해 말하기

MP3 2-51

It's hot today.

오늘은 덥네요.

It's chilly.

쌀쌀해요.

It's cool.
시원해요.

It's windy.
바람이 불어요.

It's humid, isn't it?
습도가 높네요. 그렇죠?

It looks like rain.
비가 올 것 같아요.

The weather forecast for tonight is rain.
오늘 밤 일기예보로는 비가 내릴 거래요.

업무에 대해 말하기 MP3 **2-52**

How did your presentation go?
프레젠테이션은 어떠셨어요?

How were sales for March?
3월 매출은 어땠어요?

May I ask you a favor?
부탁 좀 드려도 될까요?

I'm tied up at the moment.
지금은 꼼짝도 할 수 없어요.

When do you need it by?
언제까지 필요하세요?

When is the deadline?
마감은 언제예요?

The deadline is 10 o'clock.

마감은 10시입니다.

Are you preparing a quote for ABC Company?

ABC 사의 견적서를 준비 중인가요?

I have to prepare for the presentation next week.

다음 주 프레젠테이션 준비를 해야 합니다.

Did you call Mr. Smith?

Smith 씨에게 전화하셨어요?

What are you looking for?

뭘 찾으세요?

Why are you working so late?

왜 그렇게 늦게까지 일을 하세요?

I haven't finished preparing for the presentation tomorrow.

내일 프레젠테이션 준비가 안 끝났어요.

When is our monthly meeting?

다음 월간 미팅은 언제입니까?

원포인트 monthly 매월의, weekly 매주의, daily 매일의

사생활에 대해 말하기

MP3 2-53

Where are you commuting from?

어디에서 출퇴근하세요?

Have you worked here long?

여기에서 오래 근무하셨어요?

What did you eat for lunch?
점심은 뭐 드셨어요?

Do you have any plans on Friday night?
금요일 밤에 무슨 계획 있어요?

What do you do in your free time?
취미가 뭐예요?

How long is your summer vacation?
여름휴가는 어느 정도 되나요?

I used to work for a trading company.
저는 예전에 무역회사에서 근무했어요.

휴가 · 야근 MP3 2-54

I'll be taking a day off tomorrow.
내일 휴가입니다.

I'll be taking a half day off tomorrow afternoon.
내일은 오후 반차입니다.

I'll be in the office tomorrow afternoon.
내일은 오후부터 출근합니다.

Are you going to work overtime today?
오늘 야근할 생각입니까?

원포인트 work overtime 야근하다

I can work overtime today.
오늘은 야근할 수 있습니다.

축하

Congratulations on your promotion.
승진 축하드려요.

Congratulations on your wedding.
결혼 축하해요.

조의

Please accept my sincere condolences.
삼가 조의를 표합니다.

I'm sorry for your loss.
애도를 표합니다.

We're very sorry to hear about your loss.
깊은 조의를 표합니다.

헤어질 때

Have a nice day!
좋은 하루 보내세요!

원 포인트 You, too. 당신도요. (상대방에게 같은 인사를 할 때)

Have a nice weekend!
주말 잘 보내세요!

Enjoy your vacation!
휴가 즐겁게 보내세요!

Take care!
몸조심하세요!

Don't work too much!

무리하지 마세요!

Talk to you later!

나중에 또 얘기해요!

See you tomorrow!

내일 봐요!

See you next week!

다음 주에 봐요!

Good luck with your presentation tomorrow!

내일 프레젠테이션 잘 하세요!

원 포인트 Good luck with ~ ~ 잘 하세요

해외에서 온 방문객과의 커뮤니케이션

MP3 2-58

How long have you been in Korea?

한국에 오신 지 얼마나 되셨어요?

Is this your first visit to Korea?

한국은 처음이세요?

How do you like Korea?

한국은 어때요?

Have you been to Korea before?

예전에 한국에 오신 적 있으신가요?

I hope you enjoy your stay.

계시는 동안 즐거운 시간 보내시길 바랍니다.

PART 3

업무용 이메일
필수 표현

이메일

최근에는 이메일이 일상적인 커뮤니케이션 수단으로 활용되고 있습니다. 이메일은 읽는 사람을 생각해서 간결하게 작성하도록 합시다. 이메일에서 주의해야 할 규칙은 다음과 같습니다.

- 메시지는 간결하게 필요한 내용만 기재한다.
- 장황한 표현은 피하고 간단한 단어와 표현을 사용한다.
- 레이아웃은 읽기 편하게 작성한다(기본적으로는 왼쪽 정렬).
- 제목은 용건을 알기 쉽게 적는다.

이메일 레이아웃 샘플

❶ Subject: Request for your XY-1 information

❷ Dear Sir or Madam:

❸ We're interested in your XY-1.
Could you send some information on that?
I look forward to hearing from you.

❹ Sincerely,

❺ Kyowon Seo
NEXUS Co., LTD.
Senior Manager, Sales Dept.
5, Jimok-ro, Paju-si, Gyeonggi-do (10880)
Republic of Korea
phone +82 (0)2 330 5500
Fax +82 (0)2 330 5588
E-mail: nexus@nexusbook.com

❶ 제목

제목은 Subject: 또는 Regarding(Re:) 다음에 알기 쉽고 간결하게 기재합니다.

타이틀 샘플

Notice: 공지:
Attention: 주의:
Important: 중요:
Reminder: 독촉장:
Purchase order No. M152015 주문번호 M152015

Payment confirmation for invoice No. 1300
청구서 번호 1300에 대한 지불 확인

Dispatched notice PO No. A100   주문번호 A100 출하 공지

Quotation for ~   ~ 견적서

Request for ~   ~ 의뢰

Notification of holidays   휴무 공지

Inquiry about ~   ~에 관한 문의

Meeting on July 20   7월 20일 미팅 건

❷ 경어

'Dear+경칭(Mr./Ms. 등)+이름+성+콜론(:) 또는 콤마(,)'를 기재합니다. 미국식에서는 콜론, 영국·유럽식에서는 콤마가 쓰입니다.

담당자를 모를 경우에는 'Dear Sir or Madam: (담당자께)', 또는 불특정 다수에게 보낼 경우에는 'Dear All: (여러분께)'이나 'Dear Customer: (고객님께)' 등이 쓰입니다.

❸ 본문

간결하고 보기 편한 레이아웃으로 작성합니다.

❹ 끝맺음(끝맺는 인사)

Sincerely가 일반적이지만, 그 밖에도 Respectfully, Sincerely yours, Best regards, Regards(기재 순서대로 정중) 등이 쓰입니다.

❺ 서명

성명, 직함, 부서명, 회사명 순서로 기재하고, 이어서 주소, 전화번호, FAX 번호, 이메일 주소, URL 등을 기재합니다.

보내는 경우

MP3 **3-01**

We saw your advertisement in today's ABC newspaper.

오늘 자 ABC 신문에서 귀사의 광고를 보았습니다.

I had a chance to see your product catalog.

귀사의 제품 카탈로그를 볼 기회가 있었습니다.

I was referred to you by Ms. Wayne.

Wayne 씨로부터 귀사를 소개받았습니다.

We were given your name by ABC Company.

ABC 사로부터 귀하의 성함을 받았습니다.

답장하는 경우

MP3 **3-02**

Thank you for your e-mail.

메일 감사합니다.

Thank you for your reply.

답장 주셔서 감사합니다.

Thank you for your prompt reply.

바로 답장 주셔서 감사합니다.

Thank you for your quick reply.

신속한 답변에 감사드립니다.

Thank you very much for your confirmation.

확인해 주셔서 정말 감사드립니다.

We received your e-mail regarding your invoice No. 5.

청구서 번호 5에 관한 메일을 받았습니다.

This e-mail is to confirm that we have received your order online.

이 메일은 귀하의 온라인 주문을 받았음을 확인하는 메일입니다.

We are pleased to have your inquiry about our software.

저희 소프트웨어에 대해 문의해 주셔서 감사합니다.

Thank you for your information.

알려 주셔서 고맙습니다.

연락 · 통지

MP3 3-03

I'm contacting you regarding your payment.

결제 건으로 연락드렸습니다.

I'm writing to inquire about your training services.

귀사의 연수 서비스 건에 대해 문의드립니다.

We've received the invoice.

청구서를 잘 받았습니다.

We've received your order.

주문을 접수하였습니다.

We've received our order.

주문한 상품을 잘 받았습니다.

I'm sending the invoice.

청구서를 보내 드립니다.

I'm sending our price list.
가격표를 보내 드립니다.

We shipped your order on July 20.
7월 20일에 주문하신 상품을 출하했습니다.

Please be informed that your order No. 123 was shipped on Feb 5.
주문번호 123을 2월 5일에 출하했음을 알려 드립니다.

We'd like to inform you that we received our order today.
오늘 주문 상품을 수령했다는 것을 알려 드립니다.

We've remitted 2 million won to the designated account.
지정 계좌로 200만 원을 송금했습니다.

Our phone number has been changed since April 1.
4월 1일부터 전화번호가 바뀌었습니다.

My e-mail address will remain the same.
메일 주소는 동일합니다.

첨부 파일

MP3 3-04

Attached is the latest catalog.
최신 카탈로그를 첨부합니다.

Attached please find our company brochure.
저희 회사 안내서를 첨부합니다.

I'm attaching our price list for your reference.

참고용으로 가격표를 첨부합니다.

We are attaching the inspection report.

검사 보고서를 첨부합니다.

We are pleased to place an order as attached.

첨부한 바와 같이 발주합니다.

I'm sending the invoice as an attached document.

청구서를 첨부 문서로 보내 드리겠습니다.

Please see the attached materials.

첨부 자료를 봐 주십시오.

The attached file is compressed.

첨부 파일은 압축되어 있습니다.

원 포인트 attached file 첨부 파일

Please expand the file.

압축 파일을 풀어 주세요.

참조하기

MP3 3-05

The details are as follows:

세부 사항은 다음과 같습니다.

Please refer to our website.

저희 웹 사이트를 참조해 주십시오.

전달하기

I'm forwarding the e-mail from our client.

저희 고객이 보낸 이메일을 전달하겠습니다.

I'll forward this e-mail to the person in charge.

이 이메일을 담당자에게 전달하겠습니다.

원포인트 person in charge 담당자

Your e-mail has been forwarded to our sales department.

귀하의 이메일을 저희 영업부에 전달했습니다.

의뢰하기

Would you send me that file by e-mail?

이메일로 그 파일을 보내 주실 수 있나요?

Please send me your company brochure.

귀사의 회사 안내서를 보내 주십시오.

I'm writing to request an estimate.

견적을 요청하고자 연락했습니다.

Could you reply to us by June 5?

6월 5일까지 회신해 주실 수 있습니까?

Could you send the file in text format?

텍스트 형식의 파일을 보내 주실 수 있습니까?

원포인트 in PDF format PDF 형식으로

Could you resend the file?

파일을 다시 보내 주시겠어요?

Your prompt remittance would be very much appreciated.

즉시 송금해 주시면 감사하겠습니다.

We look forward to your prompt payment.

신속한 결제를 기다리겠습니다.

Please contact us as soon as possible.

가능한 한 빨리 연락 주십시오.

메일 주소 변경 MP3 3-08

My e-mail address will be changed effective April 1.

4월 1일부로 제 메일 주소가 변경됩니다.

Effective from April 15, my new e-mail address will be:

4월 15일부터 사용될 제 새로운 메일 주소는 다음과 같습니다.

This e-mail address is available until March 31.

이 메일 주소는 3월 31일까지 유효합니다.

원포인트 available 이용할 수 있는

You can't send e-mails to this address after April 15.

4월 15일 이후로 이 주소로는 메일을 보내실 수 없습니다.

메일 관련 문제

I can't open the file.
파일이 안 열립니다.

I couldn't decompress the file you sent to me.
보내 주신 파일의 압축이 풀리지 않습니다.

The e-mail was garbled.
메일의 글자가 깨져 있어요.

Your last e-mail was unreadable.
지난번에 보내 주신 메일은 글자가 다 깨져 있었어요.

I can't read Japanese characters on my computer.
제 컴퓨터에서는 일본어를 읽을 수 없어요.

You may have forgotten to attach the file.
파일 첨부하는 걸 잊으신 것 같아요.

I forgot to attach the file.
파일 첨부하는 걸 깜박했어요.

I sent an e-mail to the wrong address.
잘못된 주소로 메일을 보냈어요.

It seems you have sent the e-mail to the wrong address.
잘못된 주소로 메일을 보내신 것 같아요.

Our server was down yesterday.
어제 저희 서버가 다운되었습니다.

There might have been an error during transmission.
송신 중에 뭔가 문제가 있었던 것 같습니다.

Please delete the file that I sent you yesterday.

어제 보내 드린 파일은 삭제해 주십시오.

부재 시의 자동 응답 메시지 MP3 3-10

I'm out of the office until June 12.

6월 12일까지 사무실에 없습니다.

If your matter is urgent, please call me at 070-1234-5678, otherwise I'll contact you upon my return.

급한 사안이라면 070-1234-5678로 전화 주십시오. 그렇지 않으면 돌아오는 대로 연락 드리겠습니다.

끝맺음 인사 MP3 3-11

If you have any questions, please feel free to contact me.

궁금하신 사항이 있으시면 언제든지 주저하지 마시고 연락 주십시오.

If you have any questions, please don't hesitate to contact me.

궁금한 사항이 있으면 편하게 연락 주십시오.

I'll let you know as soon as possible.

가능한 한 빨리 알려 드리겠습니다.

Please let me know as soon as you can.

가능한 한 빨리 연락 주십시오.

Please let me know when you need the data.

자료가 필요하시면 연락 주십시오.

I look forward to your reply.

답장을 기다리겠습니다.

I look forward to your prompt reply.

신속한 답변을 기다리겠습니다.

I look forward to hearing from you.

연락을 기다리겠습니다.

I look forward to hearing from you soon.

조속한 연락을 기다리고 있겠습니다.

We would appreciate your kind consideration.

검토해 주시면 감사하겠습니다.

We would appreciate your understanding.

이해해 주시면 감사하겠습니다.

We would appreciate it if you could reconsider the price.

가격을 재검토해 주시면 감사하겠습니다.

We look forward to serving you again.

다시 모실 날을 기대하겠습니다.

We apologize for any inconvenience.

불편을 드려 죄송합니다.

We apologize for any inconvenience this may cause.

이 문제로 인해 불편을 드려 죄송합니다.

비즈니스 레터

비즈니스 레터 서식 샘플

비즈니스 레터의 형식에도 여러 종류가 있지만, 가장 일반적인 것을 소개하도록 하겠습니다.

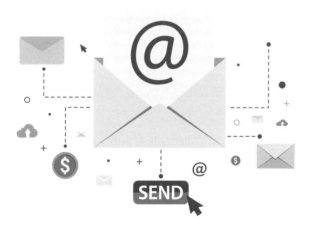

❶ # NEXUS Co., LTD.

5, Jimok-ro, Paju-si, Gyeonggi-do (10880), Republic of Korea
Phone +82 (0)2 330 5500, Fax +82 (0)2 330 5588

❷ September 5, 2015

❸ Ms. Karen White, Senior Manager
Public Relations Department
XYZ Inc.
12 South Street,
San Francisco, CA 12345

❹ Subject:

❺ Dear Ms. White:

❻ I am writing to inquire about your new product, XY.
We would like to know more about XY.
Could you send some information on XY?
We look forward to hearing from you.

❼ Sincerely,

❽ *Jeon Aeyeon*

Aeyeon Jeon
General Manager

❾ AJ/ks
Enclosure
CC: Mr. David Anderson

❶ 레터 헤드

레터 헤드에는 보내는 사람의 연락처가 포함되는데, 별도로 회사에서 정한 양식이 없는 경우에는 회사명, 주소, 전화번호, FAX 번호 등을 기재합니다.

❷ 날짜

비즈니스 레터를 발신하는 날짜를 기재합니다.

미국식 September 5, 2015

영국·유럽식 5 September 2015

❸ 받는 사람

편지를 받을 사람을 기재합니다. 우선 이름을 기재하며, 이름 앞에는 Mr./Ms. 등의 경칭을 붙입니다. 두 번째 줄에는 받는 사람의 회사명을 기재합니다. 직함이나 부서명을 넣을 경우에는 직함, 부서명, 회사명 순서대로 기재합니다. 직함명이 짧을 경우에는 이름 옆에 직함을 기재합니다. 마지막으로 주소를 기재합니다. 부서명이나 상대방의 이름을 모를 경우에는, 주소 뒤에 행을 바꾸어 'Attention: 부서명 혹은 ○○담당'이라고 기재합니다.

예 XYZ Inc.

2 South Street, San Francisco, CA 12345

Attention: Public Relations Department

❹ 제목

제목은 Subject: 다음에 알기 쉽고 간결하게 기재합니다.

❺ 경어(첫머리의 인사말)

'Dear 경칭(Mr./Ms. 등)+이름+성+콜론(:) 또는 콤마(,)'를 기재합니다.
미국식에서는 콜론, 영국·유럽식에서는 콤마가 쓰입니다.

❻ 본문

내용은 간결하게, 레이아웃은 보기 좋게 합니다.

❼ 끝맺음(끝맺는 인사)

경어와 높임을 맞춰서 끝맺는 인사를 사용합니다.
Sincerely, 또는 Yours Sincerely,가 일반적입니다.

❽ 서명

자신의 이름과 직함을 타이핑하고 그 위(끝맺는 인사와 타이핑한 이름 사이)에
자필로 서명합니다.

❾ 기타

기타 추가 기재 사항이 있으면 마지막에 씁니다.

• 본인 이외의 사람이 타이핑한 경우

자신의 이니셜과 타이핑한 사람의 이니셜을 나란히 기재합니다.

㉔ AJ/ks 전애연(Aeyeon Jeon)이 보내는 사람이고,
서교원(Kyowon Seo)이 타이핑한 경우

• 봉투에 담거나 첨부 자료가 있는 경우

Enclosure 또는 Encl.라고 쓰고 봉투 또는 봉투의 숫자를 기재합니다.
첨부 자료는 Attachment 또는 Attach.라고 씁니다.

㉔ Encl. 2 또는 Enclosure

• 사본을 전달받을 사람이 더 있는 경우

편지 사본을 수신인 이외의 사람에게도 전달할 경우에, 'CC: 사본을 전하는 사
람의 이름'을 기재합니다.

항공우편 봉투 샘플

Kyowon Seo
NEXUS Co., LTD.
5, Jimok-ro, Paju-si, Gyeonggi-do (10880)
Republic of Korea

우표

Ms. Karen White
Senior Manager
Public Relations Department
XYZ Inc.
12 South Street,
San Francisco, CA 12345
AIR MAIL
U.S.A.

❶ 보내는 사람

보내는 사람의 정보는 왼쪽 위에 기재합니다. 뒷면 봉투 덮개 부분에 기재하기도
합니다.

첫 번째 줄에 발신인명, 두 번째 줄에 회사명, 세 번째 줄 이후에 주소를 기재합니
다. 주소는 건물 번호, 도로명, 시도명, 우편번호, 국가명순으로 기재합니다.

❷ 받는 사람

받는 사람은 중앙에 기재합니다.

첫 번째 줄에 수신인명을 기재하고, 이름 앞에는 Mr./Ms. 등의 경칭을 붙입니다. 두 번째 줄에는 회사명을 기재합니다. 직함이나 부서명을 넣는 경우는 직함, 부서명, 회사명의 순으로 기재합니다. 다음으로 번지, 구, 시, 주(州)의 이름, 우편번호, 국가명순으로 주소를 기재합니다.

❸ 우편 종류와 취급 주의 사항

항공편 등의 우편 종류와 취급 주의 사항은 봉투 왼쪽 아래에 기재합니다.

(VIA) AIR MAIL 항공편

SPECIAL DELIVERY 속달

CONFIDENTIAL/PERSONAL 기밀

URGENT 긴급

PRINTED MATTER 인쇄물

Invoice Enclosed 청구서 재중

Do not bend 취급 주의

FAX 서식 샘플

요즘에는 메일이 주된 통신 수단이라서 FAX 이용이 많이 줄기는 했지만, FAX 발송문 샘플을 소개하겠습니다.

FAX 발송문에 대해서는 특별히 정해진 포맷은 없습니다.

FAX 발송문은 Fax Transmission, Fax Cover Sheet, Fax Message 등이라고 합니다.

NEXUS Co., LTD.

5, Jimok-ro, Paju-si, Gyeonggi-do (10880), Republic of Korea
Phone +82 (0)2 330 5500, Fax +82 (0)2 330 5588

FAX TRANSMISSION

❷ To: Ms. Karen White
Senior Manager
Public Relations
Department
XYZ Inc.
Fax: (123) 456 7890

❸ From: Kyowon Seo
General Manager
Email:
nexus@nexusbook.com

❹ Date: May 15, 2015

❺ Subject: Latest price list

❻ Pages including this cover page: 2

❼ Message:
Please find the latest price list as you have requested. If you have any questions, please feel free to contact us.

❽ Sincerely,

❾ *Skw*

Kyowon Seo
General Manager

❶ 레터 헤드

비즈니스 레터와 마찬가지로 레터 헤드에는 보내는 사람의 연락처를 포함합니다.

❷ 수신자 연락처

수신자 성명, 소속부서·직함, 회사명, FAX 번호 등 필요한 것을 기재합니다.

❸ 발신자 연락처

발신자 성명, 소속 부서·직함, 회사명, 연락처 등 필요한 것을 기재합니다. 레터 헤드와 연락처가 동일한 경우는 특별히 기재할 필요는 없습니다.

❹ 날짜

FAX 발신 날짜를 기재합니다.

`미국식` September 5, 2015

`영국·유럽식` 5 September 2015

❺ 제목

제목은 Subject: 또는 Regarding(Re:) 다음에 알기 쉽고 간결하게 기재합니다.

❻ 발송 매수

발송 매수를 기재합니다.

`예` Number of page(s): 3(including cover sheet)
발송 매수: 3장(발송장을 포함)

page(s) including cover page: 3   발송장을 포함하는 매수: 3

page(s) following cover sheet: 2   발송장에 이어지는 매수: 2

❼ 본문

메시지는 간결하게 기재합니다.

❽ 끝맺음(끝맺는 인사)

FAX에는 끝맺는 인사가 필수 요소는 아니지만, 넣을 경우에는 Sincerely,나 Best Regards, 등이 일반적입니다.

❾ 서명

필요에 따라 비즈니스 레터와 마찬가지로 자신의 이름과 직함을 타이핑하고 그 위(끝맺는 인사와 타이핑한 이름 사이)에 자필로 서명을 합니다.

❿ 기타

FAX 사본을 수신인 이름 이외의 사람에게도 전달할 경우에, 'CC: 사본을 전달받을 사람의 이름'을 기재합니다.
FAX의 모든 페이지가 도착하지 않을 경우를 대비해 코멘트를 기재할 수도 있습니다.

- If you do not receive all pages indicated, please contact us.
  명시된 모든 페이지가 도착하지 않은 경우에는 문의해 주세요.

- If you do not receive all pages as stated, please contact us.
  기재된 대로 모든 페이지가 도착하지 않은 경우에는 연락 주세요.

또한 다음과 같이 FAX의 종류를 미리 선택할 수 있도록 해 두면 편리합니다.

Urgent   긴급
Pls Reply   답변 주십시오
For your review   검토용

PART 4

회사에서
자주 쓰는
단어·표현

01 일시를 나타내는 단어 · 표현

월 괄호 안은 생략형

1월 January (Jan.)
2월 February (Feb.)
3월 March (Mar.)
4월 April (Apr.)
5월 May ※생략형 없음
6월 June (Jun.) ※원래 짧기 때문에 생략하지 않는 경우도 있음
7월 July (Jul.) ※원래 짧기 때문에 생략하지 않는 경우도 있음
8월 August (Aug.)
9월 September (Sep.)
10월 October (Oct.)
11월 November (Nov.)
12월 December (Dec.)

일

1일	first	11일	eleventh	21일	twenty-first
2일	second	*12일	twelfth	22일	twenty-second
3일	third	13일	thirteenth	23일	twenty-third
4일	fourth	14일	fourteenth	24일	twenty-fourth
5일	fifth	15일	fifteenth	25일	twenty-fifth
6일	sixth	16일	sixteenth	26일	twenty-sixth
7일	seventh	17일	seventeenth	27일	twenty-seventh
8일	eighth	18일	eighteenth	28일	twenty-eighth
*9일	ninth	19일	nineteenth	*29일	twenty-ninth
10일	tenth	*20일	twentieth	*30일	thirtieth
				31일	thirty-first

※9일, 12일, 20일, 29일, 30일은 철자에 주의합시다.

요일 괄호 안은 생략형

월요일	Monday (Mon.)
화요일	Tuesday (Tue. / Tues.)
수요일	Wednesday (Wed.)
목요일	Thursday (Thu. / Thurs.)
금요일	Friday (Fri.)
토요일	Saturday (Sat.)
일요일	Sunday (Sun.)

기타

그제	the day before yesterday
어제	yesterday
오늘	today
내일	tomorrow
모레	the day after tomorrow
지난주	last week
이번 주	this week
다음 주	next week
지난달	last month
이번 달	this month
다음 달	next month
오전에	in the morning
오후에	in the afternoon
월요일 오전	Monday morning
월요일 오후	Monday afternoon

도표에서 자주 사용하는 단어·표현

그래프나 그림의 종류

그림	figure
표	table
막대그래프	bar graph
꺾은선그래프	line graph
원그래프	pie chart
조직도	organization chart
순서도	flow chart
분포선	distribution chart

선의 종류

직선	straight line
곡선	curve
실선	solid line
파선	broken line
점선	dotted line
물결선	undulating line

그래프를 나타내는 단어

막대(막대그래프의 막대)	bar
부분(원그래프의 각 부분)	segment
X축	x-axis
Y축	y-axis
가로축	horizontal axis
세로축	vertical axis
원점	origin
정점	peak
바닥	bottom
격자무늬	shading
격자무늬 부분	shaded area
화살표	arrow

표를 나타내는 단어

표제	title
셀	cell
행	row
열	column
항목	item
첫 번째 줄, 두 번째 줄, 세 번째 줄	the first row, the second row, the third row
첫 번째 열, 두 번째 열, 세 번째 열	the first column, the second column, the third column
마지막 행	the last row
마지막 열	the last column
왼쪽에서 두 번째 행	the second column from the left
오른쪽에서 세 번째 열	the third column from the right
범례	legend

도형을 나타내는 단어

원	circle
타원	oval
정사각형	square
직사각형	rectangle
삼각형	triangle
마름모	diamond

문자의 종류를 나타내는 단어

굵은 글자체(볼드체)의	in bold
이탤릭체의	in Italics
빨간색의	in red
적자	red colored figure

기타 자주 사용하는 단어

수치	figure
가치, 가격	value
평균	average
최고	maximum
최저	minimum
누계의	cumulative
퍼센트	rate
분포	percentage / percent
점유율	share
~을 나타내다	indicate / show / represent / describe
상관관계	correlation
비례하는	proportional
반비례하는	inversely proportional

증감에 대해서 자주 사용하는 단어 · 표현

증가하다	increase / rise
감소하다	decrease / fall
~% 증가하다	increase by ~%
~% 감소하다	decrease by ~%
증가	increase
감소	decrease
변동하다	fluctuate
급격히	rapidly / sharply
완만하게	slowly / gradually
꾸준히	steadily
약간	slightly
큰 폭의 성장	large increase
침체된, 보합의	stagnant
큰 폭으로 증가하다	soar
큰 폭으로 감소하다	drop
2배가 되는	double
3배가 되는	triple

위치를 나타내는 표현

가장 위의	on the top
중간의	in the middle
가장 아래의	at the bottom
오른쪽의	on the right
왼쪽의	on the left
위에서 두 번째 줄	the second line from the top
아래에서 두 번째 줄	the second line from the bottom

회사를 나타내는 단어·표현

대기업	leading company / major company
중견기업	medium-sized(mid-sized) company
소기업	small company / small-sized company
외국계 기업	foreign affiliated company
~계열의	~ group
모회사	parent company
자회사	subsidiary (company)
관련 회사	affiliated company / affiliate
현지 법인	overseas affiliate / overseas subsidiary
대리점	agency

【업계】

식품업계	food industry
IT업계	IT industry
보험의료업계	healthcare industry
건설업계	construction industry
통신업계	communications industry
자동차업계	automotive industry
도매업계	wholesale industry
소매업계	retail industry
금융업계	financial industry
철강업계	steel industry

【회사】

식품회사	food company
상사	trading company
건설회사	construction company
보험회사	insurance company
증권회사	securities company
제약회사	pharmaceutical company
화장품회사	cosmetics company
소프트웨어회사	software development company
출판사	publishing company
인재파견회사	temporary employment agency
광고대리점	advertising agency
여행대리점	travel agency

조직명

기업 규모나 조직의 역할에 따라 명칭이 달라지므로 반드시 동일하게 사용하지는 않습니다.

본사	head office / headquarters
지사 · 지점	branch (office)
영업소	sales branch (office)
공장	factory / plant
연구소	laboratory
사업부	division
부	department
과	section
실	office

【부서명】

총무	General Affairs
회계	Accounting
재무	Finance
인사	Personnel
인재개발	Human Resources
노무	Labor / Labor Relations
법무	Legal / Legal Affairs
감사	Audit
홍보	Public Relations
마케팅	Marketing
판매 촉진	Sales Promotion
기획	Planning
영업	Sales
연구개발	Research and Development(R&D)
디자인	Design
기술	Engineering / Technical
제조	Manufacturing / Production
생산 관리	Production Control
검사	Inspection
품질 관리	Quality Control
품질 보증	Quality Assurance
구매	Purchasing
조달	Procurement
물류 유통	Logistics
정보 시스템	Information Systems

직함

기업 규모나 그 직무의 책임 권한에 따라 명칭이 달라지므로 적절한 명칭을 사용하도록 합시다.

최고경영책임자	CEO(Chief Executive Officer)
최고집행책임자	COO(Chief Operating Officer)
최고재무책임자	CFO(Chief Financial Officer)
회장	chairman
사장	president
부사장	executive vice president / vice president
대표이사	representative director
전무이사	executive managing director / senior managing director
상무이사	managing director
이사	director
사외이사	outside director / external director
고문	senior adviser
부장	general manager
차장	deputy general manager
과장	manager
계장	section chief
공장장	factory manager
지점장	branch manager
비서	secretary

서류

회사 안내서	company brochure
조직도	organization chart
카탈로그	catalog
가격표	price list
견적서	quote / quotation / estimate
사양서	specifications / specification sheet
기획서 / 제안서	proposal
주문서	order sheet / purchase order
주문 승인 확인서	order acknowledgement
납품 기안서	statement of delivery
영수증	receipt
계약서	contract
통지서	notification
청구서	invoice
독촉장	reminder
보고서	report
월례 보고	monthly report
주간 보고	weekly report
일일 보고	daily report
연차 보고서	annual report
환경 보고서	environmental report
지속 가능 보고서	sustainability report

기간 · 기한 · 빈도를 나타내는 단어 · 표현

【기간】

사분기	quarter
제1사분기	first quarter / Q1
제2사분기	second quarter / Q2
제3사분기	third quarter / Q3
제4사분기	fourth quarter / Q4
상반기	first half
하반기	second half
전년(도)	previous year / prior year / last year
내년	next year
지난 분기	previous quarter / prior quarter / last quarter
다음 분기	next quarter
첫 3개월간	for the first three months

【기한】

～까지	until ~
～까지	by ~
～까지	before ~
	※'before May 10'의 경우 5월 10일은 포함되지 않음
～까지	no later than ~
	※'no later than May 10'의 경우 5월 10일이 포함됨

【빈도】

다음과 같은 표현은 문장의 마지막에 붙입니다.

한 번	once
두 번	twice
세 번	three times
일주일에 한 번	once a week
한 달에 두 번	twice a month
매일	every day

※everyday처럼 한 단어로 쓰이면 '매일의'라는 뜻의 형용사가 되기도 함

하루 걸러서	every other day
매주	every week
매주 월요일에	every Monday
매일 아침	every morning
격주로	every other week / every two weeks
매달	every month
격월로	every other month / every two months

다음 단어는 동사가 be동사일 경우는 be동사의 뒤에, 동사가 일반동사일 경우는 주어와 동사의 사이에 옵니다.

항상	always
대개	usually
자주	often
때때로	sometimes
한 번도 ~ 않다	never

실적 설명에 사용하는 단어·표현

예측	forecast
예측	projection
목표	target
매출 목표	sales target

실적	actual achievement
실적	actual performance
매출 실적 / 판매 실적	sales performance
실제의	actual
달성	achievement
수익	revenue
연간	annual sales
분기 매출	quarterly sales
전년 대비 ~% 증가	up ~% year-to-year(year-over-year)
리뷰	review
결과	result
신장	growth
재고	stock
예산	budget
이익	profit
순이익	net profit
순이익	bottom-line profit
비용	cost
비용 내역	cost breakdown
지출	expense
상황	status
현황	current status
내역	breakdown
목표	objective
두 자릿수 성장	double-digit growth
할당 / 배분	allocation
주가	share price / stock price
대차대조표	balance sheet
손익계산서	profit and loss statement
재무제표	financial statement

시장 동향 설명에 자주 사용하는 용어

시장	market
국내 시장	local market
해외 시장	overseas market
동향	trend
시장 동향	market trend
경쟁사	competitor
현재의	current
최신의	latest
업계 동향	industry trend
업계 전망	industry forecast
성장	growth
수요	demand
최근 시장 동향	recent market
전망	outlook
~의 전망	outlook for ~
시가	market price
시장 반응	market reaction
경향	tendency
조사	research
통계	statistics
규제	regulation
국제화	globalization
원화 절하	won depreciation
원화 상승	won appreciation

분석 설명에 사용하는 단어 · 표현

SWOT 분석	SWOT analysis
강점	strength
약점	weakness
기회	opportunity
위협	threat
과제	challenge
문제	issue
장기적	long-term
단기적	short-term
방침	policy
목적	objective
앙케트	questionnaire
비율	proportion
시장 분석	market analysis
장단점	pros and cons
성숙한	mature
상위 세 가지 이유	the top three reasons
근거	basis / foundation
전제, 상정	assumption
갭, 차이	gap

전략 및 계획 설명에 사용하는 단어 · 표현

전략	strategy
활동 계획	action plan
미션, 사명	mission
마케팅 계획	marketing plan
영업 계획	sales plan
마케팅 활동	marketing activity
영업 활동	sales activity
판매 채널, 판매망	sales channel
우선순위, 우선사항	priority
고객 유지, 고객 확보	customer retention
자원	resource
투자	investment
삭감	reduction
통합	integration
합병	merger
매수, 획득	acquisition
제휴	alliance
해소	dissolution
경쟁력	competitive edge
고객 중심의	customer focused
고객 지향의	customer oriented
판매 촉진 활동	promotional sales activity
판매 촉진 수단	sales promotion tool
판촉 전화	cold call
실시 중	ongoing (현재 이미 하고 있고, 진행 중이라는 뜻)

기타 일반적인 업무에서 자주 사용하는 용어

의제	agenda
개요	overview / outline
배경	background
전체적인	overall
현저한 특징	distinctive features
측면	aspect
재무적 측면	financial aspect
잠재 고객, 예상 고객	prospect
잠재적인, 가능성이 있는	potential
견해	view
영향	impact
기능	function / feature
관심사	concern
관련된	related
보고	report
평가	assessment
의사 결정	decision making
실시, 도입	implementation
생산 능력	production capacity
생산성	productivity
생산 비용	manufacturing cost
자원 배분	resource allocation
비즈니스 기회	business opportunities
이해관계자	.stakeholder
주주	shareholder

숫자 읽는 방법

【수의 종류】

기수	a cardinal number
짝수	an even number
홀수	an uneven number / an odd number
서수	an ordinal number
분수	a fraction
소수	a decimal

【단위】

~도(°)	degree
섭씨(℃)	Celsius / centigrade
화씨(℉)	Fahrenheit
그램(g)	gram
킬로그램(kg)	kilogram
톤(t)	ton
파운드(lb)	pound
센티미터(cm)	centimeter
미터(m)	meter
마일(mile)	mile
퍼센트(%)	percent
회전 속도: 분당 회전 수(rpm)	revolution per minute
시속(km/h)	kilometer per hour
12개짜리 한 묶음	dozen
12개짜리 한 묶음의 절반	half dozen

【수량을 나타내는 표현】

많은 (수)	many / a lot of
많은 (양)	much / a lot of
아주 적은 (수)	a few
아주 적은 (양)	a little
가득 찬	full
빈	empty
대략, 약	about / around / approximately
최대의	maximum
최소의	minimum
몇 십의	tens of
몇 백의	hundreds of
몇 천의	thousands of
몇 백만의	millions of

【분수】

분수는 분자 → 분모의 순서로 읽습니다. 이때 분자는 기수로 나타내고, 분모는 서수로 나타냅니다. 분자가 2 이상인 경우 분모는 복수형으로 읽습니다.

3분의 1	one third
3분의 2	two thirds
5분의 1	one fifth
5분의 1	two fifths

'반'이나 '4분의 1'은 다음과 같이 말합니다.

반	a (one) half
4분의 1	a (one) quarter
4분의 3	three quarters

【소수】

소수는 소수점을 point로 읽습니다.

| 1.15 | one point one five |
| 0.75 | zero point seven five |

※0은 zero 또는 oh로 읽습니다.

【배수】

2배	double
3배	triple / three times
4배	quadruple / four times
5배	five times

【연호】

연호는 기본적으로 두 자리씩 나누어 읽지만 일부 예외도 있습니다. 특히 2000년대는 세대나 지역에 따라서도 읽는 방법에 편차가 있습니다.

1975년	nineteen seventy-five
1992년	nineteen ninety-two
1906년	nineteen oh six
1800년	eighteen hundred
1900년	nineteen hundred
2000년	two thousand
2008년	two thousand (and) eight
2015년	twenty fifteen / two thousand (and) fifteen
2016년	twenty sixteen / two thousand (and) sixteen

【큰 수 읽는 방법】

큰 숫자를 읽을 때는 다음과 같이 세 자릿수로 나누어 읽습니다.

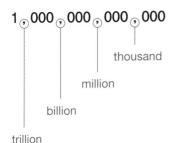

1,000,000,000,000

thousand

million

billion

trillion

100 백	one hundred
200 이백	two hundred
1,000 천	one thousand
10,000 만	ten thousand
100,000 십만	one hundred thousand
10,000,000 천만	ten million
100,000,000 억	one hundred million
1,000,000,000 십억	one billion
1,000,000,000,000 조	one trillion